FGV de Bolso ⑦
Série Entenda o Mundo

Política externa e poder militar no Brasil
universos paralelos

João Paulo Soares Alsina Júnior

ISBN: 978-85-225-0752-8

Copyright © 2009 João Paulo Soares Alsina Júnior
Direitos desta edição reservados à
EDITORA FGV
Rua Jornalista Orlando Dantas, 37
22231-010 | Rio de Janeiro, RJ | Brasil
Tels.: 0800-021-7777 | 21-3799-4427
Fax: 21-3799-4430
E-mail: editora@fgv.br | pedidoseditora@fgv.br
www.fgv.br/editora

Impresso no Brasil | Printed in Brazil

Todos os direitos reservados. A reprodução não autorizada desta publicação, no todo ou em parte, constitui violação do copyright (Lei nº 9.610/98).

Os conceitos emitidos neste livro são de inteira responsabilidade do autor.

Este livro foi editado segundo as normas do Acordo Ortográfico da Língua Portuguesa, aprovado pelo Decreto Legislativo nº 54, de 18 de abril de 1995, e promulgado pelo Decreto nº 6.583, de 29 de setembro de 2008.

1ª edição — 2009

Coordenadores da Coleção FGV de Bolso: Marieta de Moraes Ferreira e Renato Franco

Coordenador da Série "Entenda o Mundo": Matias Spektor
Preparação de originais: Luiz Alberto Monjardim
Revisão: Marco Antônio Corrêa, Tathyana Viana e Andréa Campos Bivar
Diagramação: FA Editoração Eletrônica
Projeto Gráfico: Dudesign
Capa: Dudesign

Ficha catalográfica elaborada pela
Biblioteca Mario Henrique Simonsen/FGV

Alsina Júnior, João Paulo Soares
  Política externa e poder militar no Brasil: universos paralelos /
João Paulo Soares Alsina
Júnior. - Rio de Janeiro: Editora FGV, 2009.
  160 p. (Coleção FGV de bolso. Série Entenda o mundo)

  ISBN: 978-85-225-0752-8
  Inclui bibliografia.

  1. Poder militar – Brasil. 2. Brasil – Defesa. 3. Brasil – Relações exteriores. I. Fundação Getulio Vargas. II. Série. III. Título.
                                                                CDD – 327.81

"Para Amélia e Beatriz"

Sumário

Agradecimentos   9

Introdução   11

Capítulo 1   17
Poder, poder militar e Estados periféricos
Definição de poder
Definição de poder militar

Capítulo 2   27
O mundo que nos cerca: a inserção internacional de segurança do Brasil
Tendências e turbulências do sistema
O complexo de segurança da América do Sul
O papel do Brasil no entorno sul-americano e no plano mundial do ponto de vista da segurança

Capítulo 3 — 69
O plano doméstico e suas implicações para a
estruturação de políticas públicas articuladas
Entraves domésticos à condução da política de defesa
Entraves à articulação entre as políticas externa e de
defesa

Capítulo 4 — 87
Visões de futuro
O Brasil e o mundo em 2020: cenários
Perspectivas para as forças armadas e a política
de defesa diante dos possíveis cenários
Política externa e política de defesa
brasileiras — visões alternativas

Conclusão — 125
Afinal, o poder militar importa no caso do Brasil?

Notas — 151

Bibliografia — 153

Agradecimentos

Antes de mais nada, devo prestar homenagem especial ao meu núcleo familiar mais próximo: Amélia, Beatriz, João Paulo, Maria Luiza, Humberto, Aurora (*in memoriam*) e Carlos Ernesto. Sou-lhes muito grato por tudo.

Gostaria também de deixar registrado aqui meu carinho pelo amigo Wagner Madeira Martins.

Quanto a este livro, ele é o resultado de minha dedicação e de uma série de circunstâncias e de pessoas particulares. Não posso deixar de destacar o papel desempenhado por um novo e inesperado amigo, Octávio Amorim Neto. Agradeço mais uma vez ao almirante Mario Cesar Flores pela sua eterna disponibilidade em me ajudar. Sou grato, igualmente, a Domício Proença Júnior e Matias Spektor.

Agradeço, também, ao ministro de Estado da Defesa, Nelson Azevedo Jobim, a oportunidade que me concedeu de conhecer de perto os meandros da política de defesa.

A todos os colegas do Itamaraty que, direta ou indiretamente, contribuíram para a minha trajetória, deixo consignado meu agradecimento sincero.

Introdução

Em livro publicado em 2006,[1] a articulação entre as políticas externa e de defesa durante a gestão de Fernando Henrique Cardoso foi abordada pelo autor com base no estudo do processo de formulação da I Política de Defesa Nacional (PDN) e de suas implicações para a constituição do Ministério da Defesa (MD). Naquela ocasião, optou-se por um título para o trabalho que refletisse a essência do que tinha sido apurado pela análise empreendida. "Síntese imperfeita" foi a expressão escolhida para esse fim. No presente livro, a temática da articulação entre as duas políticas mencionadas é abordada a partir de um foco inteiramente distinto. Com fundamento em uma exploração teórica sobre o lugar da força armada nas relações interestatais, pretendeu-se responder à seguinte questão: qual é a instrumentalidade do poder militar para a condução da política externa brasileira contemporânea? Conforme será possível depreender da leitura do texto, a resposta à pergunta anterior conduziu, inevitavelmente, à escolha de um título para este estudo ainda mais incisivo do que o anterior. Assim, a expressão "universos paralelos" parece captar, de modo extremamente preciso, o verdadeiro fosso existente entre essas políticas públicas em nosso país.[2]

O Brasil, na condição de Estado capitalista periférico, isolado espacialmente dos principais eixos de conflito internacionais, praticou, desde a delimitação definitiva de suas fronteiras, o que se poderia chamar de inserção externa baseada no conceito de "potência pacífica". De modo simplificado, esse tipo de inserção — no caso brasileiro, muito mais o resultado de constrangimentos empiricamente determinados do que de opções deliberadas de política — implica que o país conceda prioridade ao incremento de seu poder em esferas outras que não a militar. A ideia de potência pacífica, contudo, só pode fazer sentido se a força armada tiver pouca ou nenhuma relevância para a consecução da metassíntese da política externa brasileira ao longo da maior parte do século XX: a busca de insumos para o desenvolvimento. Ao estudar a instrumentalidade do poder militar para a condução da política externa, pretende-se justamente determinar a maior ou menor coerência de uma modalidade de inserção internacional que não se encontra respaldada pela força armada. Logo, com base nos elementos que este livro tenciona oferecer ao leitor, será possível avaliar em que medida o Brasil padeceria de autismo estratégico ou, em direção oposta, em que medida a noção de potência pacífica permitiria avançar os interesses nacionais independentemente do respaldo de poder militar relevante.

Tendo em vista o exposto, parece não restar dúvidas de que a diplomacia brasileira, a partir do término da gestão do barão do Rio Branco, agiu de forma autônoma em relação a um dos elementos tradicionais de mensuração do poder no plano internacional: a força armada. Essa suposição genérica está na base do interesse em conhecer de maneira mais aprofundada a inter-relação entre política externa e poder militar no caso do Brasil, uma vez que se verifica a existência de um enorme déficit de reflexão sobre o assunto – tanto na esfera propriamente acadêmica quanto na burocrática. Esse déficit reveste-se de especial gravidade quando se constata que as forças armadas brasileiras se encontram hoje virtualmente falidas do ponto de vista material e que setores crescentemente vocais da opinião pública pretendem ver Marinha, Exército e Aeronáutica engajados no combate direto ao crime organizado.

Deve-se reconhecer que, a despeito do desenvolvimento recente da disciplina de relações internacionais (RI) no país, a academia nacional encontra-se em estágio embrionário no tocante ao tratamento de questões relacionadas à interface entre as políticas externa e de defesa. A diminuta produção de estudos sobre o tema por parte das burocracias de Estado brasileiras é elemento adicional que indica a conveniência de empreender-se esforço de compreensão capaz de minorar essa deficiência. Nesse sentido, é preciso admitir que os órgãos incumbidos de refletir sobre a formulação de políticas, tanto no âmbito das forças armadas quanto do Itamaraty, poderiam dedicar-se mais intensamente ao debate sobre a instrumentalidade do poder militar para a política externa. A baixa prioridade atribuída a esse tipo de estudo parece estar condicionada, entre outros fatores, por uma divisão de trabalho informal: os militares restringem-se a tratar de aspectos da política de defesa, dando a política externa como dado adquirido, enquanto os diplomatas fazem o inverso.

Em vista da complexidade das questões envolvidas, impõe-se a necessidade de se estabelecer recorte temático preciso.

Nesse sentido, duas são as perguntas ancilares que este trabalho procurará responder, de modo a permitir que a pergunta fundamental sobre a instrumentalidade do poder militar no caso do Brasil seja, ao mesmo tempo, contextualizada e precisada do ponto de vista de suas implicações para o aprimoramento da interface entre as políticas externa e de defesa:

- qual é a instrumentalidade do poder militar para a condução da política externa de Estados periféricos no pós-Guerra Fria?
- como é possível aumentar o grau de articulação entre a política externa e a política de defesa, tendo por base cenários prospectivos que levem em conta a interação entre os planos doméstico e internacional?

A partir dos elementos acima aludidos, este livro divide-se em quatro capítulos. No primeiro, o objetivo é definir conceitos essenciais que permitam estabelecer o contexto a partir do qual será possível modelar a relevância do poder militar para a inserção internacional de Estados periféricos no pós-Guerra Fria.

No segundo capítulo, pretende-se determinar as características fundamentais do sistema internacional contemporâneo em sua dimensão de segurança. Da mesma forma, os lineamentos básicos do complexo de segurança da América do Sul serão abordados. Adicionalmente, apresentar-se-á uma versão estilizada do papel do Brasil nos planos regional e mundial, a partir de uma leitura da produção acadêmica especializada no estudo do arcabouço normativo e do discurso tradicional do Itamaraty sobre política externa.

No terceiro capítulo, a intenção é tratar dos condicionamentos domésticos que dificultam a condução de uma política de defesa coerente. Como a coerência de uma política pública jamais estará isenta de considerações de cunho normativo, o autor, além de apontar as contradições internas da política de defesa praticada desde 1989, explicitará um modelo alternativo de política que servirá de parâmetro para a determinação de coerência. Nessa linha, as dificuldades de articulação entre as políticas externa e de defesa serão igualmente abordadas.

No quarto capítulo, três cenários prospectivos sobre o Brasil e o mundo serão apresentados, tendo sempre em mente os elementos discutidos nos capítulos precedentes. A cada um dos cenários corresponderá um modelo de estruturação da política de defesa, bem como de sua articulação com a política externa. Essa seção do texto representa tentativa de fundir mais claramente as dimensões prática e teórica do conhecimento, servindo para ilustrar algumas das alternativas de ação do Itamaraty no campo da segurança internacional.

Ao último capítulo seguir-se-á uma conclusão cuja meta é sintetizar a resposta à pergunta que conforma o eixo central deste livro. Também na conclusão o autor fará sugestões sobre como o Ministério das Relações Exteriores poderia contribuir para o aprimoramento da articulação entre as políticas externa e de defesa, bem como para uma mudança qualitativa da percepção governamental a respeito da instrumentalidade do poder militar para a condução dos assuntos de Estado.

Capítulo 1

Poder, poder militar e Estados periféricos

Definição de poder

Assim como ocorre com construtos demasiadamente abrangentes como democracia, segurança, sociedade, não é possível abordar o conceito de poder sem certa dose de humildade. Humildade que diz respeito à necessária compreensão de que qualquer definição do termo será sempre incompleta. Tendo isso em mente, a discussão que se levará à frente aqui possui um objetivo primordial: definir operacionalmente o conceito de modo que se possa ultrapassar as visões frequentemente insuficientes cristalizadas no senso comum. Dessa forma, pretende-se apresentar uma perspectiva menos consensual e mais acadêmica de poder do que aquela encontradiça nos debates cotidianos.

Ao tratar do construto em apreço, é necessário mencionar um outro *caveat*. Embora o poder seja uno, ele se manifesta sob as mais diferentes formas, nas mais diferentes circunstâncias. Torna-se imprescindível recortá-lo analiticamente para reduzir o grau de generalidade de uma definição em abstrato. Logo, pretende-se estudar dois níveis do conceito de poder. O primeiro, mais abrangente, diz respeito àquilo que seria o núcleo essencial do poder. O segundo, mais restrito, transporta as inferências geradas pelo primeiro para o plano internacional. Tendo em vista o foco deste estudo, definir o poder aplicado às relações internacionais constitui meta essencial.

Partindo do elementar, vale reproduzir a definição de poder do *Dicionário Houaiss*: "*v.* 1. ter a possibilidade de 2. ter força física ou moral 3. ter autorização para 4. ter domínio sobre *s.m.* 5. domínio; autoridade 6. vigor físico ou moral 7. o governo". Nessa definição, surge de maneira inequívoca uma das divisões clássicas do conceito: poder como potência física, material, e poder como potência moral, simbólica, vinculada ao plano das ideias. Outro aspecto saliente da citação em análise é o que diz respeito ao poder como elemento relacionado ao governo, à autoridade. Por extensão, o poder seria parte indissociável do Estado, estrutura institucional/legal que condiciona a capacidade governativa e impõe sua autoridade sobre um determinado território e todos aqueles que coexistem dentro de suas fronteiras.

Como relação social, o poder pode ser perfunctoriamente compreendido no contexto de teorias do tipo agente/mandante, já que muitas vezes é possível determinar quem exerce o poder e quem sofre os efeitos daquela ação. Essa possibilidade, contudo, deve ser encarada com cuidado. Tendo em conta que uma das características intrínsecas do poder é seu caráter relacional, em nenhuma circunstância haverá ações exclusivamente unilaterais – em que o sujeito impõe sem resistência sua vontade a um objeto inerte, indefeso. Em toda e qualquer relação, o alvo do poder (agente) terá a opção de resistir àquele que lhe impõe seus desígnios (mandante), mesmo que isso implique seu aniquilamento. Quase sempre, agente e mandante negociarão como a relação de poder ocorrerá, pois o primeiro, mesmo em posição subalterna, geralmente possui alternativas capazes de modular o grau de impositividade do segundo. Ademais, interessa ao mandante que seu relacionamento com o agente seja o menos conflitivo possível, uma vez que, quanto maior o grau de consentimento do agente, maiores a efetividade e a possibilidade de reprodução da relação de poder. Inversamente, quanto maior o conteúdo de coerção, menores a efetividade e a reprodutibilidade da relação ao longo do tempo.

Se é correto encarar o poder como capacidade que gera efeitos no plano das relações sociais, deve-se admitir que ele não precisa ser efetivamente exercido para produzir resultados. O poder de um mandante será tanto maior quanto maior for sua capacidade de limitar a margem de escolha do agente. Este, consciente da limitação, muitas vezes antecipa-se à ação daquele, fazendo sua vontade antes mesmo que ela se manifeste. Portanto, o poder como potência representa uma virtualidade que tem consequências palpáveis. No limite, não haveria sequer a necessidade de que o poder existisse concretamente, uma vez que bastaria a percepção da sua existência para a produção de efeitos – o que demonstra como o aspecto perceptual é ele próprio uma das facetas mais importantes do poder.

Em vista do que precede, vale abordar o que Scott classifica como os dois modos fundamentais de poder: a influência corretiva e a persuasiva, associadas, respectivamente, ao que ele chama de corrente principal e segunda corrente dos estudos sobre poder. A corrente principal, fortemente influenciada pelo trabalho de Max Weber, encara o poder como um bem distribuído entre instituições, porém finito. Dessa forma, a aquisição de poder por parte de uma instituição do Estado, classe social etc. representaria uma perda líquida de poder para todos os demais agentes. A luta pelo poder constituiria, assim, um jogo de soma zero, envolvendo níveis variados de conflito. Já para a segunda corrente o poder seria antes de tudo um meio de facilitação ou produção das relações sociais, estando disperso através da sociedade. Não seria, desse modo, algo intrinsecamente conflitivo. Ao contrário, o poder representaria um jogo de soma positiva, em que todos os atores intervenientes poderiam ser beneficiados ao agirem coletivamente – como no caso do pensamento de Hannah Arendt.

Apesar de ambas as influências encontrarem-se imbricadas em situações reais, a influência corretiva identificar-se-ia com a corrente principal, ao privilegiar a dimensão coercitiva do poder. Ainda segundo Scott, os dois principais subtipos de influência corretiva seriam a força e a manipulação. A força representa a utilização de sanções que operam no plano físico, corpóreo, sendo as armas um de seus instrumentos fundamentais de imposição. A força pode ser aplicada de duas maneiras: a violenta, que implica ação direta sobre o corpo e/ou mente, e a não violenta, que envolve cerceamento físico da liberdade de ação. A manipulação, por seu turno, diz respeito ao uso de variadas sanções positivas e negativas (acesso a dinheiro, crédito, empregos, benefícios etc.) com o fito de influenciar a matriz de *pay-offs* dos agentes. Força e manipulação representam formas mais ou menos explícitas de influência sobre a ação daqueles que estão submetidos ao poder, gerando tanto maior resistência quanto menor for sua base de legitimidade.

A influência persuasiva, por sua vez, opera nos planos cognitivo e valorativo. O incentivo à ação ou inação dá-se mediante o convencimento do agente de que é de seu próprio interesse tomar determinada atitude. Assim, o mandante que exerce influência persuasiva eficiente logra fazer o agente acreditar que a ação por aquele desejada é compatível com a sua percepção da realidade e com os seus valores. Há, desse modo, uma grande identidade entre a influência persuasiva e a ideia de legitimidade. O poder legítimo não raro é encarado como algo distinto do próprio poder – frequentemente identificado com sua dimensão coercitiva –, o que o torna extremamente eficaz. A eficácia da influência derivada da persuasão funda-se, então, em sua identificação não com a força ou a manipulação, mas com percepções e valores caros ao agente. Deve-se salientar, contudo, que, no mundo real, as influências corretiva e persuasiva são complementares. Não há poder fundamentado em apenas uma delas.

Tanto a influência corretiva quanto a persuasiva constituem elementos centrais das estruturas de dominação existentes nas sociedades. De acordo com Weber, as estruturas formadas essencialmente pela primeira podem ser classificadas como "dominação por meio de uma constelação de interesses", ao passo que as formadas pela segunda podem ser definidas como "dominação por meio de autoridade."[3] A dominação centrada na influência corretiva realiza-se por intermédio da limitação do espectro de possibilidades de ação do agente, seja na forma de coerção (empregada pelos "leões"), seja na de incentivos positivos ou de sedução (empregada pelas "raposas"). A dominação fundamentada na influência persuasiva, por sua vez, opera por meio do comprometimento, da lealdade, da confiança, compondo uma estrutura de formação discursiva. Esta pode ser subdividida em dominação derivada do conhecimento ou *expertise* (empregada pelas "corujas") e dominação derivada do direito de comandar (empregada pelos "ursos"). A última é de particular importância por salientar o papel da liderança como elemento fulcral do exercício e da manutenção do poder.

Aplicado ao plano internacional, o poder não deixa de possuir todas as características aludidas nos parágrafos anteriores. No entanto, o dado da anarquia – entendido como ausência de hierarquia entre Estados soberanos – gera problemas de ação coletiva que, em determinadas circunstâncias, podem exacerbar a conflitividade do sistema. O nível de conflito nas relações internacionais, contudo, não é função apenas da dimensão material do poder, mas também de sua dimensão ideológica. A muito citada classificação do poder proposta por Joseph Nye, *soft* e *hard power*, nada mais faz do que distinguir a influência persuasiva da corretiva explicitada nos parágrafos anteriores. Embora os termos cunhados por Nye pouco tenham de inovadores como ferramentas de compreensão do fenômeno em tela, o autor acerta em afirmar que poder *soft* e poder *hard* não são excludentes: "o poder 'inteligente' não é *hard* nem *soft*. Ele é os dois ao mesmo tempo".[4]

Diante do que precede, defende-se aqui a indistinção do poder quando exercido no plano doméstico e no plano internacional. No entanto, se a natureza do poder permanece inalterada nos dois planos mencionados, fatores como a ausência de hierarquia entre Estados soberanos, o relativo subdesenvolvimento da sociedade internacional comparada ao âmbito doméstico, o caráter potencialmente extremo do conflito entre unidades estatais, as identidades divergentes e muitas vezes contraditórias prevalecentes entre as nações, entre outros, contribuem para que a influência corretiva seja frequentemente mais intensa nas relações internacionais do que no seio das comunidades políticas estabelecidas sob a égide dos Estados nacionais.

Definição de poder militar

Se é correto afirmar que a influência corretiva do poder, subdividida em força e manipulação, é por vezes mais saliente no plano internacional do que no doméstico, passa a ser fundamental definir o poder militar como etapa prévia ao estudo do seu papel no relacionamento entre as unidades estatais. Nye, por exemplo, identifica o poder militar com a força, propondo que o primeiro possuiria formas de expressão básicas, permitiria a adoção de comportamentos determinados e daria origem a políticas públicas específicas. Assim, segundo o autor mencionado, o poder militar expressar-se-ia por meio de ameaças, permitiria a coerção, dissuasão e proteção, além de dar origem a políticas governamentais como a diplomacia coercitiva, a guerra e as alianças. Nye menciona também a capacidade persuasiva do poder militar, que poderia, em situações específicas, gerar admiração, reconfortar, proteger, auxiliar os desvalidos em contextos de catástrofe etc. Em outras palavras, estariam contidos no universo de possibilidades do poder militar não somente a força, mas também a sedução. O autor em tela apoia, portanto, a tese da unidade ontológica do conceito de poder.

Robert J. Art, por sua vez, não trata da natureza do poder militar *per se*, mas empreende esforço no sentido de definir suas funções. Essas poderiam ser subdivididas em quatro: defesa, dissuasão, coerção e "mostrar bandeira" (*swaggering*). Das quatro utilidades do poder militar mencionadas, apenas duas envolvem o emprego direto da força armada: a defesa e a coerção, podendo esta última se processar igualmente sem a utilização da força física – desde que o alvo da coerção entenda por bem ceder aos desígnios daquele que o coage. A dissuasão (que, quando falha, se transforma em defesa) e o mostrar bandeira não envolvem a utilização direta da força, embora a credibilidade de ambos dependa da capacidade de projeção simbólica do poder militar – que, por seu turno, se encontra vinculada à existência de uma base material mínima. Assim, Art utiliza a metáfora de um campo gravitacional para descrever a influência da força armada: invisível, mas capaz de afetar tudo aquilo que se encontra ao seu redor. A "invisibilidade", nesse caso, referir-se-ia ao poder militar em si, e não aos instrumentos (*hardware*) pelos quais se expressa. Admite-se, contudo, que a separação entre o poder militar em abstrato e os instrumentos pelos quais se expressa não é algo evidente. Na realidade, ambos estão ligados de maneira indissociável, não se conhecendo poder militar que não esteja ancorado em *hardware*. Na metáfora em tela, a distinção é meramente analítica e visa a demonstrar que tal tipo de poder não é somente passível de utilização para fins bélicos.

Lawrence Freedman ressalta, por sua vez, o caráter paradoxal do poder militar latente: "o paradoxo do poder militar latente é que os benefícios políticos que podem ser obtidos por seu intermédio tendem a ser fundamentalmente negativos, ou seja, evidenciam-se pela ausência de desenvolvimentos perigosos e são colocados em risco tão logo haja demandas no sentido da passagem do estado latente para o ativo".[5] Logo, de acordo com esse estudioso, a força armada seria mais eficaz em manter o *status quo* do que em modificá-lo. Na ausência de ameaças claras e iminentes, o poder militar continuaria imprescindível ("agir como se a força não tivesse utilidade cria utilidade para nossos potenciais inimigos"),[6] mas renderia dividendos políticos superiores se fosse empregado para garantir a estabilidade das relações entre entidades soberanas. Conforme ele sugere, ao transitar da utilização indireta da força armada para a utilização direta, o ator estatal – Freedman está se referindo essencialmente à superpotência – ver-se-ia confrontado com rendimentos decrescentes. Ao propor a interpretação acima mencionada para o papel do poder militar em um contexto de ameaças não perfeitamente definidas, o autor inglês nada mais faz do que sustentar a tese, aliás correta, de que, quanto maior o conteúdo de coerção de uma relação social, maior será a resistência do agente em relação ao mandante. Por conseguinte, menor será a reprodutibilidade dessa relação ao longo do tempo.

Diante do anteriormente aludido, vale explorar um aspecto central da definição de poder militar relacionado à sua identificação com campos gravitacionais ou simplesmente com seu potencial de utilização indireta. Trata-se do grau de fungibilidade da força armada. O exemplo mais conspícuo de bem fungível é o dinheiro. Em sociedades capitalistas, a moeda pode substituir virtualmente qualquer outro bem material. Temos, então, grau máximo de fungibilidade. Embora não constitua um bem material propriamente dito, entendido como objeto concreto cujo valor é definido no âmbito do mercado, a força armada seria plenamente fungível se a sua utilização fosse capaz de produzir consequências claramente identificáveis em todas as circunstâncias. Sem dúvida, esse não é o caso. Parece difícil imaginar como o poder militar poderia influenciar decisivamente as negociações de um tratado multilateral sobre meio ambiente, comércio, direitos humanos etc. No entanto, isso não significa admitir que a força armada seja simplesmente desprovida de fungibilidade. Se isso fosse verdade, a metáfora criada por Art não teria qualquer sentido, da mesma forma que a capacidade de sedução do poder militar sustentada por Nye estaria, por definição, equivocada.

Para compreender o potencial de fungibilidade do poder militar, portanto, o analista precisa ter em mente que as dimensões coercitiva e persuasiva do poder são complementares, porém variáveis de acordo com contextos específicos. Utilizando exemplos extremos, a influência da dimensão coercitiva do poder que se expressa por meio da força terá relevância marginal no caso de um acordo entre dois países visando a preservação de uma espécie rara de pássaro transfronteiriço. No entanto, alguma relevância a força terá mesmo nesse caso limite, pois o país militarmente mais débil poderia, teoricamente, sofrer pressões militares por parte de seu parceiro mais poderoso para garantir a preservação dos pássaros em seu lado da fronteira. Inversamente, a dimensão persuasiva do poder pouca importância terá em situações de conflito grave sedimentadas por preconceitos identitários cultivados ao longo de séculos – como no caso das disputas entre judeus e palestinos. O uso da força será, nesse caso, claramente preponderante.

Em suma, o poder militar pode ser definido como um dos pilares da influência corretiva do poder. Baseado na força, é passível de ser utilizado tanto de forma direta (violência física) quanto indireta (meios não violentos). Em sua versão indireta, aproxima-se da influência persuasiva, embora se diferencie dela, sobretudo, por utilizar instrumentos diferentes: o poder militar necessita de uma base material, ao passo que a persuasão levada a cabo pelas corujas ou pelos ursos é antes de tudo uma formação discursiva. Ademais, o poder militar, enquanto pilar da influência corretiva, constitui elemento indissociável do poder *lato sensu*, não podendo ser separado do conceito em seu sentido mais amplo.

Capítulo 2

O mundo que nos cerca: a inserção internacional de segurança do Brasil

Tendências e turbulências do sistema

Para que seja possível compreender o papel exercido pelo poder militar nas RI contemporâneas, é imprescindível deixar claro qual moldura teórica fornecerá os parâmetros a partir dos quais a realidade mundial será interpretada. Somente após essa definição torna-se factível extrapolar tendências futuras e averiguar de que modo estas últimas condicionariam as políticas externa e de defesa de países periféricos como o Brasil. Assim, o construtivismo wendtiano parece um bom ponto de partida com vistas à superação do impasse representado pelas profecias autorrealizáveis do neorrealismo.[7] No entanto, conforme argumenta Barry Buzan, a teoria de Wendt ganha capacidade preditiva se for modificada de modo a incorporar alguns elementos do realismo. Para o primeiro, o sistema internacional seria passível de melhor compreensão se os cálculos de polaridade (relacionados à mensuração do poder tão cara aos realistas) fossem acrescidos de considerações sobre a identidade dos principais atores estatais (relacionados à cultura da anarquia dominante, entendida como o princípio básico que define a percepção dos agentes acerca das implicações do dado da anarquia). Simplificadamente, Buzan propõe aliar a estrutura material, expressa na distribuição dos polos de poder, à estrutura de ideias (chamada por ele de "estrutura social"), expressa na cultura da anarquia predominante, de modo a obter as ferramentas teóricas mais adequadas para a análise do relacionamento interestatal: "o argumento é de que a interação entre a identidade das maiores potências, de um lado, e como elas se relacionam entre si e com as potências menores por meio da sociedade de Estados, de outro lado, constitui elemento-chave na forma como se deve interpretar a configuração de polaridade".[8]

De modo a justificar seu esquema conceitual, Buzan procurará definir os termos em que a inter-relação polaridade/identidade se processa no mundo atual. Nesse sentido, uma de suas contribuições mais importantes é tentar delimitar o que ele chama de "teoria da polaridade complexa". Como se sabe, a interpretação da realidade internacional a partir da identificação do número de polos de poder é prática corriqueira no seio da diplomacia. Para o autor em tela, no entanto, ela se ressentiria de grande imprecisão. De modo a conferir maior rigor àquela, desenvolve uma tipologia em que são diferenciados três tipos de Estados: superpotências, grandes potências e potências regionais. As *superpotências* teriam as seguintes características: possuem interesses globais multifacetados e são capazes de os defender das mais variadas maneiras, em qualquer parte do mundo, sobretudo por meios ideológicos, político-militares e/ou econômicos; da mesma forma, são percebidas pelos demais atores relevantes da cena internacional como possuidoras do estatuto de superpotência e atribuem a si próprias esse estatuto – tendo peso decisivo na conformação da ordem mundial em seus diversos aspectos. As *grandes potências*, por sua vez, teriam o seguinte perfil: seu espectro de atuação externa não tem alcance verdadeiramente global, ou o tem somente em setores específicos; a grande potência é aquela que é percebida pelos demais Estados como possível futura candidata ao estatuto de superpotência ou, em outro sentido, como superpotência declinante. Finalmente, as *potências regionais* são Estados cujas capacidades representam dados fundamentais para o equilíbrio de uma região, mas que não exercem papel sistêmico relevante; a importância regional desse tipo de potência permite que sejam capazes de atuar como mediadoras entre o plano intenacional e a sua zona imediata de influência.

Logo, para além das questões de caráter perceptual, Buzan afirma ser superpotência o Estado cuja atuação é global em todos os setores (político, militar, econômico, ambiental, cultural etc.); grande potência, aquele que atua em escala global somente em setores pontuais; e potência regional, aquele que atua essencialmente em sua própria região. Deve-se notar, contudo, que quase sempre o *status* de super ou de grande potência dependerá da obtenção prévia, por parte de um país (ou conjunto de países, como a União Europeia), da hegemonia regional ou, ao menos, da neutralização de querelas em sua vizinhança. Com os elementos acima mencionados em mente, o autor afirma haver uma distribuição clara de polos no pós-Guerra Fria: uma superpotência (EUA) acrescida de quatro grandes potências (UE, Japão, China e Rússia). Seriam esses cinco atores, mesmo considerando a UE um caso ambíguo de "superestado" que carece de "estaticidade", os principais responsáveis pela configuração do sistema internacional contemporâneo. O esquema 1 + 4 teria a vantagem de melhor especificar a distribuição de poder e a distinção qualitativa entre super e grandes potências. Muito embora a redução da análise a apenas cinco atores, que representam o núcleo duro da estrutura do sistema internacional, seja útil, ela continuaria permitindo um número muito grande de resultantes.

Para diminuir a complexidade que derivaria de suas várias configurações possíveis e assim gerar predições mais robustas, o esquema 1 + 4 deveria ser acompanhado da determinação das identidades dos atores e de sua inter-relação. A melhor forma de fazê-lo seria por meio da construção de cenários. Assim, antes de abordar os cenários futuros imaginados pelo autor em questão, é preciso esclarecer como as referidas identidades associam-se ao arranjo de polaridade prevalecente. De maneira geral, Buzan utiliza os princípios das três culturas da anarquia propostas por Wendt (inimizade, rivalidade e amizade) para caracterizar o sistema internacional, mas o faz sem optar por um princípio unívoco, considerando viável que dois princípios convivam simultaneamente, desde que não representem extremos do contínuo. Inimizade e rivalidade poderiam coexistir, da mesma forma que rivalidade e amizade. O sistema internacional contemporâneo seria, em sua opinião, marcado pela predominância de uma cultura da anarquia calcada em relações de rivalidade/amizade. A despeito dessa demarcação genérica, seria igualmente necessário determinar os traços mais importantes da identidade dos atores gerados no plano doméstico – forma de especificar de que modo aquela exerceria influência sobre a cultura da anarquia dominante –, bem como sua estabilidade.

Diante do exposto, haveria duas formas essenciais de identidade, a primeira delas passível de ser subdividida em dois modelos. São elas: a exclusivista (ou comunitarista), em suas versões de "coexistência" e "hierarquia", e a inclusiva (ou cosmopolita). A identidade exclusivista deriva da crença de que há diferenças essenciais entre os membros de um determinado povo que compartilha uma identidade particular e todos os demais (por exemplo, nacionalismo de base étnica). Já a inclusiva reproduz-se por meio do estabelecimento de critérios específicos que devem ser cumpridos para que um indivíduo seja aceito como igual (por exemplo, religiões universais, formas moderadas de nacionalismo). O exclusivismo fundamentado na coexistência tem como corolário a busca do direito à manutenção de ego como distinto de álter, não sendo assim expansionista ou intrinsicamente agressivo. O exclusivismo de base hierárquica é aquele que encara ego como superior a álter, tendo, portanto, direito de dominá-lo. O cosmopolitismo, por sua vez, tenderia a ser expansionista, sendo difícil determinar onde encontraria um ponto de equilíbrio. Aquele será tanto mais contencioso quanto mais assumir características militantes e proselitistas. A defesa, por parte dos EUA, da democracia e da economia de mercado liberais parece representar bom exemplo desse tipo de identidade.

É possível inferir, a partir das formas de identidade aludidas, que suas diferentes combinações serão mais ou menos conflitivas. Claramente, a de caráter exclusivista fundamentada na coexistência se relacionará bem com identidades semelhantes à sua, o que já não aconteceria necessariamente caso tivesse de lidar com identidades exclusivistas calcadas na ideia de hierarquia ou mesmo com as cosmopolitas. Dois Estados relevantes para a configuração do sistema internacional (superpotências e/ou grandes potências) que concebam suas identidades com base no binômio exclusivismo-hierarquia representariam significativo risco de conflitos. A identidade inclusiva, por sua vez, poderia gerar turbulências quaisquer que fossem as identidades dos Estados com que tivesse que interagir. Seu caráter expansivo, no entanto, teria que ser especificado de maneira a possibilitar que o analista determinasse a maior ou menor tendência à conflitividade resultante – aliás, como também deveria ocorrer em relação às identidades exclusivistas. Essa especificação só poderia ser feita com base em estudo de caso que aprofundasse o conhecimento sobre a formação das identidades de unidades estatais particulares, em especial do ator mais relevante: os EUA.

De acordo com o pensamento do autor em tela, seria difícil exagerar a importância da única superpotência para a configuração das RI contemporâneas. Pela própria natureza de seu poder, os EUA possuiriam papel relevante em todos os tabuleiros diplomáticos. Deve-se notar, contudo, que a nação mais poderosa do mundo estaria longe de ter condições de dominar todos aqueles tabuleiros. Se no plano militar o poder norte-americano é incontrastável, o mesmo não ocorreria, por exemplo, no plano econômico. A despeito desse fato, o grande trunfo de Washington residiria em sua capacidade de persuasão. Ao longo da segunda metade do século XX, os EUA lograram contribuir decisivamente para a construção de uma ordem internacional lastreada em instituições vistas pela maior parte dos Estados como legítima. Embora essa ordem, fundamentada no liberalismo econômico e político, fosse congruente com os interesses e valores americanos, ela seria flexível o bastante para acomodar a maioria dos países. Logo, a contenção estratégica dos EUA no pós-guerra – entendida como a opção consciente de não utilizar a avassaladora vantagem econômica e militar que detinha, logo após 1945, para extrair coercitivamente benefícios de seus parceiros – teria sido instrumental para legitimar as instituições multilaterais criadas a partir de então para gerenciar a ordem internacional.

Assim, a autoimagem dos Estados Unidos estaria apoiada na concepção de que aquele país representaria um exemplo único de nação portadora de valores universais (democracia, liberdade, economia de mercado), o que faria com que tivesse direitos e deveres especiais. Estes últimos oscilariam entre a defesa de formas inclusivas de administração da ordem global (multilateralismo) e a preservação, a despeito das normas emanadas das instituições internacionais, da autonomia norte-americana para perseguir seus legítimos interesses (unilateralismo). Essa oscilação parece ter sido favorável, desde a derrota do nazifascismo, ao polo que privilegiava a perspectiva multilateral. Desde o fim da Guerra Fria, contudo, os EUA têm buscado encontrar um novo antípoda capaz de substituir a União Soviética (URSS) no papel de catalisador de sua identidade inclusiva, universalista e suscetível de encarnar o espírito de cruzada – corolário do excepcionalismo.

Vários candidatos a substitutos da antiga URSS foram contemplados pelo *establishment* americano: o Japão, os *rogue states*, a China. Todos esses candidatos a adversários, no entanto, foram eclipsados pelo terrorismo internacional, a partir dos atentados de 11 de setembro de 2001. O governo neoconservador de George W. Bush encontrou naquele fenômeno o inimigo que seu país tanto buscava desde 1991. O 11 de setembro teve por consequência o aprofundamento da tendência isolacionista e unilateralista que já se desenhava desde o início da gestão do ex-governador do Texas. Essa tendência, que atingiria o ápice com a invasão do Iraque e a mudança coercitiva do regime liderado por Saddam Hussein, colocou os EUA em situação paradoxal. Por um lado, a política externa de Bush viu-se obrigada a manobrar entre uma miríade de instituições internacionais para as quais os norte-americanos contribuíram decisivamente nos últimos 50 anos; por outro, o unilateralismo de perfil imperial sintetizado na fórmula *"ou você está conosco ou com os terroristas"* age para minar aquelas mesmas instituições, em prol do aumento da liberdade de ação daquele país. Essa dupla circunstância faz com que seja difícil prever até que ponto estaria havendo uma mudança estável e duradoura da identidade dos EUA. Nesse sentido, a nova administração de Barack Obama, contrariamente à de Bush, parece disposta a reverter a tendência unilateralista de seu antecessor – algo que só poderá ser avaliado com a necessária perspectiva histórica.

Tendo em vista as considerações feitas, passa a ser crucial para o entendimento do futuro do sistema internacional determinar se a identidade americana se transformará de modo a alterar a percepção de ego e álter prevalecente até o 11 de setembro. Note-se que, apesar de as identidades tenderem a se estabilizar em padrões relativamente estáveis, elas podem mudar mais rapidamente do que o poder. A ocorrência de eventos imponderáveis de grande impacto, como os já mencionados atentados terroristas contra Nova Iorque e Washington, é capaz de contribuir para o início ou o aprofundamento de mudanças no perfil identitário de uma nação. Embora essas transformações jamais sejam imediatas, é possível conceber que se processem em anos, enquanto modificações não violentas (por exemplo, por meio de variações de poder econômico) do *ranking* das principais potências levam décadas para se materializar.

Logo, em função da profunda implantação dos valores liberais, dificilmente a sociedade dos EUA aceitaria assumir os custos políticos, econômicos e morais do imperialismo. Essa hipótese seria, portanto, improvável. Assim, parece lícito supor que a superpotência não deverá se transformar num *rogue state* – ao menos no médio prazo e levando em consideração a não ocorrência de novos eventos como o 11 de setembro. Se as suposições de Buzan estiverem corretas, a configuração do sistema internacional contemporâneo não deve sofrer modificações substanciais a médio prazo. Os EUA provavelmente manterão sua opção por um multilateralismo *à la carte*, mas sem adotar uma política aberta de hostilidade em relação às instituições responsáveis pela manutenção da ordem em escala global. Da mesma forma, Japão e UE não deverão optar por um rompimento de seus estreitos laços com os EUA, sobretudo no campo militar. China e Rússia, contudo, devem manter sérias desconfianças em relação à superpotência. A despeito disso, o diferencial de poder existente entre esses dois países e os EUA, seu crescente engajamento nas instituições multilaterais de administração da ordem, bem como sua tradicional rivalidade não indicam ser provável a constituição de um eixo antiamericano sólido por parte dessas duas grandes potências. Em síntese, o esquema 1 + 4 possui grandes chances de se sustentar durante um longo período de tempo – sobretudo se a Rússia não entrar em colapso, sendo eventualmente substituída pela Índia no *ranking* das grandes potências. Como já mencionado anteriormente, essas suposições são altamente dependentes do rumo tomado pelos EUA.

Diante do que precede, e ainda com base no estudo de Buzan utilizado até aqui, valeria mencionar três hipóteses de alteração a médio prazo da estrutura de polaridade hoje prevalecente. Essa menção servirá de base para que, no capítulo quatro, sejam definidos os cenários futuros para a atuação externa do Brasil. Essas hipóteses são as seguintes: $1 + X$, $0 + X$, $2 + X$. A primeira refere-se à manutenção dos EUA como única superpotência e à existência de um número maior ou menor de grandes potências em relação às quatro hoje existentes. A segunda explora a possibilidade de que a superpotência abdique de sua condição atual ou veja seu poder erodido de maneira que passe à condição de uma entre outras grandes potências. A terceira, por sua vez, supõe o aumento do número de superpotências de uma para duas ou três, acrescidas de algumas grandes potências. O acerto na previsão da estrutura de polaridade futura, somado à correta suposição sobre a estrutura de ideias que a acompanha, permitiria antecipar as tendências preponderantes no sistema internacional, o que reforçaria a credibilidade dos cenários montados a partir da inter-relação entre ambas as estruturas.

De modo a manter o espírito de síntese deste livro, as três hipóteses acima aludidas serão relacionadas de maneira resumida. Quanto ao esquema 1 + X, parece claro que este seria o mais próximo do atual modelo 1 + 4. Pouca diferença faria se o número de grandes potências aumentasse para cinco ou diminuísse para três. Essas mudanças pouco representariam em termos de polaridade, permitindo que os EUA mantivessem sua posição de *primus inter pares* e sua capacidade inigualada de atuar alternativamente em várias regiões do planeta. A configuração 1 + 5 ou 1 + 3 permitiria a continuação da *swing-power strategy* americana, que consiste na ameaça de desengajamento de uma das três regiões em que os EUA se encontram firmemente implantados – hemisfério ocidental (América Latina e Canadá), Europa e Leste da Ásia –, com a concomitante sugestão de maior engajamento em outra, de forma a estabelecer uma espécie de *bidding war* entre regiões cujo objetivo seria garantir os bens coletivos proporcionados pela superpotência, em especial no plano da segurança. Essa estratégia aumentaria o poder de barganha norte-americano, dando à superpotência grande capacidade de coordenação dessas regiões. A expressão ideológica da *swing power strategy* encontrar-se-ia institucionalizada nos projetos "superregionais" panamericanista, atlanticista e da baía do Pacífico, tendo por objetivo fundamental prevenir a consolidação de identidades regionais adversas aos interesses dos EUA.

A hipótese de regressão dos EUA à condição de grande potência parece menos plausível que a anterior. Ela dependeria, em essência, de uma decisão deliberada da sociedade americana no sentido de abdicar dos custos e dos benefícios proporcionados pelo estatuto de superpotência. Isso se deve ao fato de que, ao menos no médio prazo, não parecem estar dadas as condições para um declínio relativo do poder dos EUA de magnitude suficiente para forçar seu rebaixamento à categoria de grande potência. Logo, o esquema 0 + X somente teria viabilidade se estivesse fundamentado em uma retirada voluntária norte-americana. Essa retirada poderia ocorrer, em tese, se a identidade internacional dos EUA se consolidasse em torno de um isolacionismo quase xenófobo. No entanto, esse tipo de identidade estaria em direta contradição com toda a gama de compromissos e interesses daquele país no exterior, inclusive com os que se referem à importação de petróleo, insumo crucial para o funcionamento de sua economia. Trata-se, portanto, de uma hipótese um tanto improvável, mas que teria por consequência a volta a um modelo de administração da ordem global similar ao do concerto europeu do início do século XIX. Nesse cenário, a cultura da anarquia hoje prevalecente, calcada em rivalidade/amizade, poderia evoluir tanto positiva quanto negativamente. Isso dependeria do perfil dos alinhamentos que se formassem entre as grandes potências, bem como de sua eventual opção de perseguir a promoção ao estatuto de superpotência. Um sistema internacional baseado no esquema 0 + X poderia, assim, tornar-se mais conflitivo do que o 1 + 4 presente.

A última hipótese de estruturação da ordem mundial seria aquela representada pela fórmula $2 + X$ ou $3 + X$. O grau de plausibilidade da concretização desse cenário poderia ser considerado intermediário. Deve-se esclarecer, contudo, que em qualquer fórmula utilizada os EUA deveriam estar incluídos entre o rol de superpotências. As grandes questões suscitadas pelo eventual aumento do número de superpotências podem ser expressas da seguinte forma: qual(is) seria(m) a(s) nova(s) superpotência(s)? Como os EUA reagiriam à emergência de um Estado portador do mesmo estatuto usufruído por ele no presente? Como seria afetada a cultura da anarquia predominante pela emergência desse(s) novo(s) ator(es)? De início, Buzan descarta a possibilidade de que Japão e Rússia venham a ser elevados a superpotências. No que se refere ao primeiro, lhe faltariam vontade, recursos naturais e condições geoestratégicas para assumir aquele papel. Apesar da pujança de sua economia, a dependência militar em relação aos EUA, o contexto regional em que está inserido, a falta de consenso sobre a conveniência da assunção de protagonismo mundial, bem como a acentuada necessidade de fontes externas de fornecimento de matérias-primas fariam com que o Japão não pudesse ser considerado um candidato sério à superpotência. A Rússia, por seu turno, tenderia muito mais a ser rebaixada à categoria de potência regional do que restituída à antiga condição alcançada pela URSS. Faltariam a esta última base econômica e capacidade de impor sua hegemonia na Eurásia.

A UE e a China seriam os únicos candidatos plausíveis à condição de superpotência. Em ambos os casos, contudo, haveria uma série de escolhos que dificultariam a concretização de suas potencialidades. No caso da primeira, a pujança econômica encontra grandes dificuldades em se traduzir em vontade política e capacidades militares. Isso dever-se-ia ao grau ainda incipiente de "estaticidade" da UE, fato magnificado pela existência, entre seus membros, de visões profundamente divergentes sobre o lugar da Europa no mundo. Logo, enquanto a UE não for capaz de agir de maneira unificada, a eventual assunção do papel de superpotência não poderá se concretizar. Deve-se notar, igualmente, que aquele papel implica a constituição de forças militares autônomas em relação aos EUA – algo extremamente complexo, tendo em conta a dependência militar europeia consubstanciada na Organização do Tratado do Atlântico Norte (Otan) e a relutância de suas lideranças em comprometer recursos com a formação de uma identidade militar robusta. A China, por sua vez, parece ser uma forte candidata à promoção a superpotência. Possui vastos recursos naturais e humanos, determinação e economia em vertiginoso crescimento. No entanto, contra as ambições chinesas milita uma série de fatores. Talvez o mais importante deles seja o que diz respeito à região geoestratégica em que aquele país está situado. O fato de fazerem parte da mesma região três das quatro grandes potências, acrescidas de uma potência regional importante como a Índia, tornaria extremamente difícil a tarefa chinesa de utilizar a Ásia como plataforma para alcançar o estatuto de superpotência. Deve-se mencionar, também, a questão não resolvida de Taiwan e o forte engajamento dos EUA naquela região. A esses fatores seria preciso somar a falta de clareza sobre a estabilidade doméstica da China, em se mantendo indefinidamente a fórmula de liberdade econômica associada a autoritarismo político.

Como se pode inferir do que foi abordado, é pouco provável a passagem de uma estrutura $1 + X$ para $3 + X$. Contudo, a transição para uma estrutura $2 + X$ seria mais factível de se materializar. Nessa circunstância, pode-se extrapolar da identidade norte-americana atual que a aceitação da UE como nova superpotência ocorreria de forma muito menos traumática do que no caso da China. Isso não significa que os EUA não viessem a securitizar seu relacionamento com a Europa, mas há base para afirmar que a ascensão chinesa seria quase certamente securitizada pelos *policy-makers* americanos – o que, de alguma maneira, já vem ocorrendo com o surgimento da expressão *peer competitor*, utilizada por muitos analistas estadunidenses de política externa ao se referirem à China. Assim, a passagem para o esquema 2 + X poderia, em tese, ser muito mais turbulenta se os chineses fossem os candidatos à superpotência. No entanto, é impossível prever com precisão os contornos desse processo. Uma estrutura de tipo 2 + X que contasse com EUA e UE possuiria grau significativo de convergência ideológica e civilizacional, o que tenderia a torná-la menos conflitiva, ao contrário do que provavelmente aconteceria na segunda hipótese. Portanto, a díade EUA-UE deveria, em princípio, assumir a forma de rivalidade/amizade, ao passo que a díade EUA-China deveria ser do tipo inimizade/rivalidade.

Não havendo uma guinada dos EUA no sentido de se transformar num *rogue superpower* e permanecendo o diferencial de poder entre aquela nação e os dois *outsiders* acima mencionados (China e Rússia), o centro do sistema internacional deverá manter-se organizado segundo uma lógica de rivalidade/amizade. No entanto, essa lógica poderá ser alterada caso haja choques importantes entre a superpotência e as grandes potências com relação a problemas regionais. É nesse contexto que as potências regionais adquirem importância no sentido de influenciarem a configuração do sistema como um todo. Logo, a gestão das questões de segurança locais pode vir a contribuir decisivamente para a maior ou menor conflitividade internacional. Essa é uma variável-chave para a previsão dos contornos futuros das relações interestatais de uma forma geral e será explorada nas próximas seções deste capítulo, em que merecerão destaque o complexo de segurança da América do Sul e o papel do Brasil. A despeito disso, valeria antes explicitar o lugar da força armada diante do provável prolongamento do esquema 1 + 4 nas próximas duas décadas.

A perdurar o esquema 1 + 4 em seus lineamentos essenciais, pode-se sustentar que o futuro nível de conflitividade do sistema internacional deverá permanecer moderado no que se refere às guerras entre Estados. Não há razão para acreditar, contudo, que as disparidades entre países e entre classes dentro de países venham a diminuir. A história recente do processo de globalização parece corroborar a tese de que quanto mais desregulado o capital, mais as disparidades de renda tenderão a se acentuar horizontal e verticalmente. A manutenção dessa circunstância, acrescida do aprofundamento das contradições intrínsecas aos Estados periféricos num contexto de crise dos tradicionais paradigmas de governança, indica a permanência de fortes tensões sociais no mundo em desenvolvimento. Logo, a eclosão de guerras civis e movimentos insurrecionais deverá continuar a ser um elemento constante da paisagem internacional – o que permite supor que as operações de manutenção da paz seguirão sendo importantes. Deve-se considerar, também, a instabilidade que o chamado terrorismo "catastrófico" pode gerar tanto na periferia quanto no centro do sistema. Intervenções diretas ou indiretas da superpotência em países que ofereçam refúgio a grupos terroristas, ou que sejam acusados de o fazerem, não podem ser descartadas. Possivelmente, muitos desses países serão *failed states* ou estarão próximos de atingir nível crítico de degradação do controle estatal sobre o território. Da mesma forma, a proliferação de armas de destruição em massa deverá manter-se como um possível foco de conflito entre o centro e a periferia do sistema internacional.

A despeito do quadro anteriormente delineado, é preciso mencionar algumas tendências que podem vir a modificar o seu sentido geral. Sinteticamente, essas tendências poderiam ser assim enumeradas:

- aprofundamento do fosso tecnológico entre os exércitos de países desenvolvidos e em desenvolvimento, com ênfase nas transformações suscitadas pelo aumento do alcance, letalidade, precisão e automação dos sensores e plataformas de combate – além da iminente militarização do espaço;
- intensificação dos efeitos da degradação ambiental sobre os ecossistemas, além da aparente aceleração da mudança climática e da redução das fontes de suprimento de água potável;
- progressivo esgotamento das reservas conhecidas de matérias-primas essenciais como o petróleo;
- aumento do número de cidadãos de países pobres em relação ao número de cidadãos de países ricos, causado pelas baixas taxas de natalidade encontradas nos primeiros;
- ampliação do diferencial de renda entre países ricos e pobres.

Dessas cinco tendências, três podem vir a ter impacto especialmente relevante sobre a conflitividade internacional no médio prazo. Cada uma delas merece um comentário em separado, de forma a explorar suas implicações – o que não significa desconsiderar a possibilidade de que possuam interconexões e efeitos cumulativos.

No que toca ao aprofundamento do fosso tecnológico-militar entre centro e periferia, parece inegável que está em marcha na área militar uma aceleração do ritmo de transição entre padrões tecnológicos – circunstância congruente com o que também ocorre no setor civil. Logo, o aumento acelerado do alcance, letalidade, precisão e automação das plataformas e sensores de combate coloca um dilema fundamental para os exércitos de países periféricos: acompanhar, na medida do possível, a evolução da tecnologia, ou ver agigantar-se a sua vulnerabilidade militar em relação aos países desenvolvidos. Como os custos de aquisição dessas tecnologias são extremamente elevados – quando for o caso de estarem disponíveis no mercado, algo que muitas vezes não acontece –, a tendência é que o *gap* continue a crescer entre as forças armadas de Estados ricos e pobres. Isso é algo extremamente preocupante por um motivo fundamental: a preponderância militar absoluta ("dissimetria") conduz à redução do custo de utilização da força armada. Em outras palavras, a dissuasão dos países centrais pelos países periféricos torna-se crescentemente difícil do ponto de vista material. A militarização definitiva do espaço, com a colocação em órbita de plataformas de ataque, deverá radicalizar a dissimetria hoje existente. Note-se que, neste momento, o espaço já se encontra em grande medida militarizado, com o uso de satélites de reconhecimento, inteligência e comunicações.

Pode-se argumentar que a dissimetria conduzirá necessariamente ao aperfeiçoamento das técnicas de combate assimétrico, o que acabará por minar a própria dissimetria. Mesmo que isso seja verdade no que se refere ao combate terrestre, a utilização de técnicas assimétricas nos combates naval e aéreo é muito mais complicada. A possibilidade de que a chamada revolução nos assuntos militares (RAM) venha, em estádios de desenvolvimento mais avançados do que o atual, beneficiar as forças armadas da periferia não pode ser tida como algo líquido e certo. Levando-se em conta o fato de que a ocupação territorial de um Estado por parte de uma potência estrangeira parece pouco provável em vista da continuada força dos princípios da soberania e da não intervenção no mundo contemporâneo – excluídas situações anômalas como as do Iraque e do Afeganistão –, o fortalecimento da dissimetria permitiria aos países mais poderosos utilizar sua imensa vantagem tecnológica para coagir militarmente nações que não se dobrassem à sua vontade. Isso poderia ser feito por meio de bloqueios navais, zonas de exclusão aérea, ataques *stand-off* a infraestruturas críticas ou por meio da simples ameaça de uso da força. De acordo com a perspectiva teórica aqui adotada, essas ações só seriam possíveis caso houvesse uma estrutura de ideias que as justificasse. Contudo, tendo em vista a relação dialética entre aquela e a estrutura material, não se pode descartar que a viabilidade da vitória militar a baixo custo possa influenciar uma mudança de identidade dos países centrais na direção de uma espécie de neoimperialismo.

Num sentido complementar ao do fosso tecnológico-militar encontra-se a problemática ambiental. A destruição dos ecossistemas e a mudança climática podem vir a ter efeitos extremamente importantes sobre a política internacional. As catástrofes naturais, a redução das áreas de produção agrícola, o aumento do nível dos oceanos, a destruição da camada de ozônio, a diminuição das fontes de água potável, entre outros fenômenos relacionados ao meio ambiente, podem vir a colocar em rota de colisão países centrais e periféricos. O fato de a grande maioria das matérias-primas e das terras agricultáveis estar localizada no hemisfério sul pode vir a expor os Estados da periferia a pressões por parte da superpotência ou das grandes potências. Em situações extremas, essas pressões podem vir a adquirir características de coação militar aberta ou velada. A já mencionada vulnerabilidade das forças armadas dos países periféricos reforça a possibilidade de que situações concretas, como a disparidade de poder militar conjugada à necessidade de acesso a recursos naturais escassos, venham a influenciar a construção da identidade dos países centrais no sentido de uma guinada belicista e agressiva. Embora essa guinada não esteja inscrita no horizonte de curto prazo, não se pode descartar *a priori* a possibilidade de que venha a ocorrer no médio prazo.

Por último, deve-se mencionar que uma das principais fontes de energia, o petróleo, também se encontra essencialmente localizada na periferia do sistema. As perspectivas são de que essa matéria-prima fundamental esteja virtualmente esgotada em algumas décadas. No momento, não há alternativas plenamente delineadas para a substituição do petróleo na matriz energética da maioria dos países centrais – embora o etanol e os demais biocombustíveis possam vir a desempenhar, em parte, esse papel. Assim, a escassez de petróleo pode gerar tensões no futuro não muito distante. Na mesma linha dos problemas relacionados ao meio ambiente, seria imprudente desconsiderar a eventual eclosão de conflitos resultantes de divergências graves entre centro e periferia sobre a administração desse recurso natural. Mais uma vez, deve-se levar em conta a possibilidade de que haja um entrelaçamento entre a redução do custo do emprego da força, a problemática ambiental e a questão do acesso a fontes de energia cruciais como o petróleo. Logo, o cenário relativamente otimista anteriormente traçado em relação à ocorrência de conflitos armados entre Estados não pode ser tomado como um dado inequívoco da realidade internacional. À tendência à manutenção de uma lógica de rivalidade/amizade no futuro próximo correspondem tendências em sentido oposto que podem vir a modificar aquela lógica.

Em síntese, a configuração das relações interestatais deve manter um perfil próximo ao atual até 2020. As guerras entre Estados devem ser esporádicas, predominando os conflitos de caráter doméstico. Contudo, as ameaças não estatais, como o terrorismo, e os problemas resultantes da escassez de matérias-primas, do desequilíbrio ambiental e da disparidade de poder podem vir a gerar choques violentos – particularmente entre centro e periferia. Ademais, não se pode deixar de considerar o fato de que toda e qualquer ameaça não estatal possui uma base territorial, ainda que dispersa. Num sistema internacional cujas partes componentes essenciais são Estados delimitados espacialmente, ações contra forças subnacionais levadas a cabo por potências estrangeiras representam, *ipso facto*, uma redução da soberania das nações afetadas por aquelas. A força armada, nesse contexto, deve continuar a ser importante – quanto mais não seja pela opção da superpotência de manter supremacia incontestável no campo militar. A fungibilidade do poder militar deverá ser moderada, mas de forma alguma igual a zero – como determinadas perspectivas ingênuas insistem em sustentar. A competição entre Estados não será eliminada, e, por conseguinte, os usos indiretos da força armada permanecerão operacionais. A dimensão corretiva do poder, em sua versão militar, continuará inscrita no universo de possibilidades do relacionamento entre unidades soberanas.

O complexo de segurança da América do Sul

De acordo com Buzan, Waever e de Wilde, um complexo de segurança regional (CSR) poderia ser definido como "um grupo de unidades cujos principais processos de securitização e dessecuritização, ou ambos, estão tão interligados que os seus problemas de segurança não podem ser corretamente analisados ou resolvidos independentemente uns dos outros".[9] Assim, ao abordar a problemática de segurança da América do Sul, pretende-se contextualizar o ambiente estratégico primordial em que o Brasil está inserido. Essa contextualização servirá, ao mesmo tempo, para explicitar o papel brasileiro no âmbito do subcontinente e para clarificar o tipo de influência exercida sobre seus *policy-makers* pelo quadro geoestratégico sul-americano.

Parece não restar muitas dúvidas de que a América do Sul encontra-se entre as regiões menos violentas do planeta, quando se considera a ocorrência de conflitos interestatais. Ao longo do século XX, especialmente a partir de 1950, as guerras têm sido esporádicas, curtas e pouco mortíferas. Esse fato tem suscitado crescente interesse por parte de estudiosos que procuram conhecer as razões pelas quais o subcontinente teria se transformado em uma "zona de paz" ou uma "zona sem guerras". A América do Sul também desperta interesse acadêmico porque se apresenta como uma anomalia para os teóricos da paz democrática, uma vez que a quase ausência de guerras nos últimos 60 anos ocorreu a despeito da convivência entre as mais variadas díades: governos democráticos e autoritários, autoritários e autoritários, democráticos e democráticos. Diante disso, vale explorar as principais teorias sobre as razões que levam à baixa conflitividade interestatal na região.

Seria conveniente abordar de forma breve cada uma das teses sobre a quase ausência de guerras interestatais na América do Sul. No que se refere às teorias de cunho geopolítico, as seguintes considerações devem ser feitas. No item hegemonia regional, é preciso destacar a presença no hemisfério do poder incontrastável dos EUA – considerado, por muitos analistas, fiador último da estabilidade nas Américas. Quanto ao equilíbrio de poder regional, caberia mencionar a inexistência de qualquer Estado que possa ser apontado como hegemônico. O Brasil – que possui a maior economia, a maior base industrial, a maior população e os maiores recursos naturais – mantém um baixo perfil militar que não o distingue dos demais estados da região. No tocante a ameaças externas, poder-se-ia considerar, de maneira geral, que elas não são especialmente securitizadas no presente – embora persistam hipóteses de guerra entre alguns Estados que possuem fronteiras contestadas. De outra perspectiva, o argumento de que a paz seria mantida na América do Sul em função da possibilidade de intervenção norte-americana não resiste a uma análise mais detida. Por fim, o argumento do isolamento, irrelevância e impotência propõe que a paz tem sido mantida em função da incapacidade de projeção de poder dos países da região. O isolamento teria a ver com a existência de grandes vazios geográficos e de barreiras naturais ao deslocamento de tropas – argumento que perdeu parcialmente a validade, uma vez que a integração física da América do Sul e a atual tecnologia de transporte permitem realizar operações militares antes impensáveis. A irrelevância caracterizaria os Estados sul-americanos em função de suas debilidades políticas e fraquezas econômicas, o que representaria um desincentivo ao uso da força, dada a inexistência de objetivos compensadores. Por último, a impotência teria a ver com a baixa capacidade de as forças armadas locais para projetarem poder além de suas fronteiras com credibilidade.

No grupo dos argumentos liberais para a manutenção de uma paz duradoura deve-se começar pelo que trata da democratização dos regimes políticos. Esse argumento sustenta que haveria uma correlação entre o processo de democratização e a manutenção da paz. Se, por um lado, parece realmente haver um vínculo entre o estabelecimento da democracia na região e o aprofundamento de relações ditas pacíficas, por outro lado, é impossível afirmar a existência de um nexo causal entre processo de democratização e paz em função da longa permanência desta última durante períodos autoritários. O argumento da busca de desenvolvimento econômico propugna que a prioridade atribuída a essa questão tenderia a excluir a possibilidade de conflitos internacionais como uma opção de política externa viável. Outro argumento nessa linha é que a integração regional fomentaria a manutenção de relações pacíficas. Ocorre que, no caso da América do Sul, a integração econômica foi uma consequência da normalização das relações políticas, e não a sua causa. O exemplo do Mercosul é emblemático nesse aspecto. Finalmente, a ideia da existência de um consenso normativo advoga que os valores mutuamente compartilhados (*uti possidetis*, não intervenção e resolução pacífica das controvérsias) seriam responsáveis pela manutenção da paz. Esse argumento, no entanto, seria frágil do ponto de vista empírico, uma vez que entre 1810 e 1883 a região conviveu com inúmeras guerras, e os princípios acima aludidos já existiam em grande medida.

O terceiro grande grupo de argumentos é o da satisfação com o *status quo* territorial. Este possuiria duas dimensões: a doméstica e a internacional. Em grandes linhas, pode-se afirmar que os Estados sul-americanos são herdeiros do legado institucional ibérico, tendo forjado sua independência na esteira das conflagrações europeias que resultaram na derrota da França napoleônica. No que concerne ao plano doméstico, lograram forjar estruturas estatais capazes de garantir a manutenção da unidade de seus respectivos territórios – após a balcanização inicial dos domínios espanhóis e as disputas pela delimitação das fronteiras. No entanto, essas estruturas, muitas vezes claudicantes, tiveram grandes dificuldades em mobilizar sistematicamente suas sociedades para guerras e conquistas. Dessa forma, ao término da década de 1920, o traçado das fronteiras dos países da região estava praticamente delineado nos termos atuais. No plano internacional, a posição dos Estados da América do Sul mantém-se relativamente estável desde meados do século XX, com pequenas modificações no *ranking* das potências da região. Assim, haveria uma tendência clara à satisfação com o *status quo* territorial (à exceção de Bolívia, Equador, Argentina e da permanência de litígios fronteiriços não securitizados entre outros Estados). Como resultante dessa tendência, poder-se-ia sustentar que as relações internacionais da América do Sul se têm caracterizado, a partir da segunda metade do século passado, por um alto grau de conservadorismo e continuidade. De acordo com o que se verá adiante, o papel do Brasil vem sendo decisivo para que tal situação se mantenha.

A despeito da singela taxonomia das teorias que procuram explicar a baixa incidência de conflitos interestatais na América do Sul, deve-se ter em mente que fenômenos complexos como esse raramente são monocausais. Logo, é provável que a conjugação de elementos das teses geopolíticas e liberais, juntamente com a ausência de disputas por território generalizadas, retrate de maneira mais fiel as causas da prolongada paz no subcontinente. A despeito do que precede, não se buscará aqui determinar o peso específico de cada fator explicativo. Basta recordar que, de acordo com o arcabouço teórico discutido na primeira seção deste capítulo, a existência de razoável consenso normativo e a permanência de equilíbrio de poder relativamente estável representam os elementos primordiais para a formação de uma zona com baixa incidência de guerras na América do Sul.

O quadro sucintamente esboçado poderia sugerir que está em marcha a consolidação de uma comunidade pluralista de segurança na região ou até mesmo que a cultura da anarquia prevalecente nesta última teria se estabilizado em torno de uma lógica kantiana.[10] Conforme será possível perceber adiante, esse não parece ser o caso. Além da dificuldade intrínseca em mensurar o grau de internalização da cultura da anarquia dominante, o simples fato de haver reduzido número de guerras não exclui a dimensão corretiva do poder das relações entre os Estados sul-americanos. David R. Mares, por exemplo, aponta a insuficiência da análise do relacionamento de segurança entre os países da região unicamente baseada na dicotomia guerra/paz. Para ele, esta última teria como consequência o mascaramento de uma ampla gama de possibilidades de utilização do poder militar que precedem o conflito bélico propriamente dito. Contrariamente ao senso comum, contudo, as estatísticas de que Mares faz uso mostram que, entre 1945 e 1997, a América Latina foi palco de três guerras interestatais (duas na América do Sul e uma na América Central). Esse número é maior do que o registrado na África (duas), Nordeste da Ásia (uma) e América do Norte (nenhuma). No período acima aludido, somente o Oriente Médio, em que ocorreram nove guerras, pode ser considerado significativamente mais tendente à guerra que a América Latina. É bem verdade que esse quadro se modifica um pouco quando se considera apenas a América do Sul, mas não a ponto de justificar uma visão idílica sobre a problemática de segurança do subcontinente.

Tendo em conta o anteriormente mencionado, deve-se considerar o que Mares classifica como o *continuum* dos conflitos entre os Estados: *desacordos não violentos, sanções não violentas, ações encobertas, disputas militarizadas* e *guerras*. Esses degraus de conflitividade corresponderiam aos seguintes patamares de hostilidade no tocante ao emprego do poder militar: *não utilização, ameaça de utilização, demonstração de força, utilização em conflito com menos de mil mortos em combate, utilização em conflito com mais de mil mortos em combate (guerra)*. Infere-se desse *continuum* que as disputas não precisariam atingir necessariamente o seu último estágio. Ao contrário, o referido autor propõe uma sistemática para a compreensão das razões que levariam determinados Estados, em circunstâncias particulares, a optar pela utilização velada do instrumento militar ou pela escalada até a guerra. Esta última representaria, no entanto, uma ocorrência excepcional. Logo, a ausência de choques violentos entre forças armadas estaria longe de significar que o poder militar se encontra inerte ou que a paz reina imperturbável. Não raro, sob o manto da cordialidade oficial haveria jogos de pressão e contrapressão em que o recurso ao braço armado dos Estados se faria presente sem alarde. Assim, sempre existiria a possibilidade de uso da força armada como elemento de barganha em disputas envolvendo dois ou mais países, algo que o autor demonstra ocorrer com frequência nos CSRs sul e centro-americanos.

É com base nessa constatação que Mares procura comprovar sua tese de que predominaria na América Latina uma "paz violenta". Entre 1884 e 1993, teria havido 237 episódios de disputas interestatais militarizadas (DIMs) na região – 110 na América Central e 127 na América do Sul. No período que vai de 1980 a 1997, correspondente ao retorno da democracia à maioria dos Estados latino-americanos, teriam ocorrido 52 DIMs – e 16 delas, ocorridas depois de 1990, se deram entre díades democracia/democracia. Se esses dados estiverem corretos, poder-se-ia afirmar que o subcontinente sul-americano não é tão "pacífico" quanto quer fazer crer a resultante de uma análise baseada na dicotomina guerra/paz. Na verdade, os dados compilados por Mares indicam que a América Latina, em geral, e a América do Sul, em particular, possuem nível de conflitividade interestatal intermediário. O trabalho por ele realizado confirma, não obstante, a baixa tendência à escalada dos conflitos até seu limite lógico. Em qualquer circunstância, os elementos mais importantes do ponto de vista do estudo que aqui se realiza, derivados de *Violent peace*, são aqueles relacionados ao questionamento de uma visão idílica sobre a segurança internacional na América do Sul. Fundamentalmente, é preciso admitir que o subcontinente não se encontra num paraíso kantiano. O poder militar permanece fungível nessa parte do mundo e não foi excluído do relacionamento entre os Estados da região.

Com base nas considerações precedentes, é preciso traçar um quadro sintético do CSR sul-americano. Seu primeiro dado fundamental é o que se refere à presença da superpotência no hemisfério. Em função do peso específico que possui nas relações internacionais, e da contiguidade geográfica, os EUA inevitavelmente projetam poder sobre a América do Sul. A admissão desse fato não implica concordância com as teses de que o grande irmão do norte controlaria a dinâmica de segurança do subcontinente como se este não passasse de um fantoche. Na realidade, poder-se-ia caracterizar a ação da diplomacia americana na América do Sul como um elemento importante, mas nem sempre decisivo, para a conformação do CSR. Esse *caveat* apresenta-se como fulcral para se evitarem visões mecanicistas que procuram explicar os fenômenos apenas a partir das volições da superpotência. De toda forma, neste livro parte-se do pressuposto de que a atuação dos EUA na região deve ser sempre levada em consideração pelos *policy-makers* sul-americanos. Ela, no entanto, não parece ter uma direção unívoca, podendo tanto fomentar a estabilidade quanto a instabilidade no subcontinente – a depender dos interesses contingentes da política externa estadunidense.

O segundo dado que deve ser levado em consideração tem a ver com a estrutura de ideias que compõe o CSR em questão. Nos termos da moldura teórica proposta por Wendt/Buzan, parece lícito afirmar que as relações entre os países da América do Sul obedecem de forma geral a uma lógica rivalidade/amizade. O avanço do processo de integração regional corrobora essa visão, sendo, a uma só vez, causa e consequência da cultura da anarquia predominante. Não está claro, contudo, o nível de internalização dessa cultura. As atuais turbulências por que vem passando o Mercosul podem tanto resultar em seu aprofundamento quanto em seu enfraquecimento. Da mesma forma, pode-se sustentar, como fazem Buzan e Waever, que a região se encontra dividida em dois subcomplexos distintos: o andino e o do Cone Sul. Cada um deles obedeceria a uma dinâmica de segurança diferenciada: a andina, mais turbulenta; a do Cone Sul, mais consensual. Em outras palavras, no subcomplexo norte a cultura da anarquia estaria próxima do centro do espectro (rivalidade), enquanto no sul se aproximaria do extremo positivo (amizade). Note-se que a convivência de dois subcomplexos relativamente desiguais agrega dificuldades à gestão da segurança regional. O Brasil, fazendo parte de ambos, adquire nessa circunstância um papel central de articulação e de moderação de conflitos.

O terceiro dado que é preciso ter em mente é a distribuição de poder. Não considerando a projeção dos EUA sobre o subcontinente, deve-se admitir que existem níveis diferenciados de capacidades entre os países sul-americanos. Nesse contexto, o Brasil detém cerca de 50% do PIB, 50% da população, as maiores reservas de minerais, as mais extensas terras agricultáveis, o maior parque industrial, o mais desenvolvido sistema de ciência e tecnologia, entre outras características que o diferenciam dos demais Estados da região. No quesito poder militar, contudo, a posição brasileira é bastante mais frágil. O país não possui forças armadas que sejam significativamente superiores às de seus vizinhos. Logo, em termos de poder agregado, o Brasil aparece muito na frente dos países da América do Sul, mas não em termos de poder militar. Apesar da imprecisão dos dados comparativos a respeito de gastos militares, sujeitos a uma miríade de condicionantes locais, o International Institute for Strategic Studies aponta para o fato de que, em 2004, o investimento brasileiro em defesa representou 43,74% do total aplicado na América do Sul. Esse dado, isoladamente considerado, induz a erro, pois faz crer que o país teria cerca de metade da capacidade militar do subcontinente. A simples análise do inventário de armamentos de cada Estado sul-americano desmente essa suposição. A enorme parcela do orçamento da defesa nacional direcionado ao pagamento de pessoal ativo, inativo e pensionistas explica, em parte, como o maior investimento não se traduz em preponderância militar especialmente pronunciada. Nesse sentido, as informações relativas ao exercício fiscal de 2006 dão conta de que, dos R$ 33.930.609.305,56 aplicados pelo governo federal no Ministério da Defesa, cerca de 83% foram destinados ao pagamento de salários, aposentadorias e pensões.

A realidade descrita anteriormente faz com que seja necessário ter cautela ao se afirmar a existência de uma inquestionável superioridade brasileira na América do Sul. A necessidade de o Brasil atuar simultaneamente em cenários geoestratégicos muito distintos, sem contar com recursos materiais suficientes para que tal ocorra sem problemas, agrega dificuldades adicionais à administração de sua política de defesa. Tendo em conta o foco nas questões de segurança adotado neste estudo, torna-se inevitável admitir que a "unipolaridade" brasileira no subcontinente é desequilibrada em face da fragilidade de seu aparato militar. Essa advertência, contudo, não desmente o fato de que o país constitui a principal potência no âmbito regional, mas introduz uma nota de cautela nas avaliações sobre a capacidade militar nacional. Nesse aspecto, valeria mencionar também que o Brasil encontra-se bastante atrasado no que se refere ao processo de reaparelhamento de suas forças armadas. Nações detentoras de recursos muito inferiores aos brasileiros, como Chile, Venezuela e Colômbia, possuem planos de substituição de material de emprego militar obsoleto em estádios significativamente mais avançados de execução. Essa circunstância faz com que o país corra sério risco de ver sua já tíbia supremacia militar adicionalmente erodida na região. O ritmo cada vez mais acelerado de retirada de serviço de plataformas de combate inservíveis por parte de Marinha, Exército e Aeronáutica somente agrava o quadro acima descrito.

O último dado essencial do CSR sul-americano é a sua relevância em termos mundiais. A despeito das considerações feitas sobre o grau de conflitividade existente na região, que matizam a ideia de uma América do Sul fundamentalmente pacífica, deve-se admitir que as questões de segurança do subcontinente não são cruciais para o equilíbrio do sistema internacional. Nesse sentido, a atenção dispensada pelos EUA à problemática de segurança da região é reveladora. Parece certo que à política externa norte-americana para o hemisfério interessam os temas das drogas, da imigração ilegal, do comércio, entre outros passíveis de serem securitizados. No entanto, o reduzido peso relativo da América do Sul, em termos político-militares e econômicos, determina a atribuição, pela superpotência, de baixa prioridade ao seu relacionamento com o subcontinente. Valendo-se mais uma vez dos ensinamentos de Buzan e Waever, pode-se dizer que a dinâmica do CSR sul-americano não seria capaz de transbordamento para o plano sistêmico. Limitada ao norte pela presença avassaladora dos EUA (e sua influência decisiva sobre a América Central), ao sul pela Antártida, a leste pelo Atlântico e a oeste pelo Pacífico, a América do Sul não possui densidade de poder suficiente para perturbar o balanço estratégico global. Sobretudo tendo em vista o fato de que sua principal potência é um ator pouco importante do ponto de vista militar.

O papel do Brasil no entorno sul-americano e no plano mundial do ponto de vista da segurança

O Brasil desempenha papel primordial na conformação do CSR da América do Sul. Na condição de maior potência regional, interessa-se pela manutenção da estabilidade no subcontinente como forma de evitar o desvio de recursos escassos para o tratamento de temas não diretamente relacionados à problemática do desenvolvimento. Deve-se ter em mente que, finda a república oligárquica, período em que decorre a delimitação definitiva das fronteiras nacionais, a obtenção de insumos para a consecução daquele processo constitui-se na metassíntese da política externa brasileira. Nesse sentido, esta apresenta-se fundamentalmente como defensora do *status quo* no que se refere às questões de segurança da região. A satisfação territorial e a não securitização de ameaças emanadas dos países lindeiros (esta última fenômeno que se consolida a partir da normalização das relações com a Argentina em meados dos anos 1980) permitem que o país priorize a dimensão do desenvolvimento em detrimento da dimensão político-militar, tendo em vista a persistência de importantes disparidades sociais no plano doméstico. Logo, as políticas externa e de defesa têm-se caracterizado, no passado recente, por grande cautela quanto à afirmação de aspirações à liderança ou hegemonia – procurando antagonizar o menos possível as nações vizinhas.

Pode-se argumentar que haveria uma *rationale* implícita na postura de fomento da estabilidade regional e de negação de pretensões hegemônicas. De acordo com Geraldo Cavagnari, ela basear-se-ia na percepção de que as desigualdades sociais representam um *handicap* que tornaria problemático o envolvimento em questões internacionais que impliquem o uso ou a possibilidade de uso do poder militar. De outra perspectiva, a adoção de atitudes mais assertivas, no campo da segurança, poderia ser contraproducente para o avanço dos interesses econômico-comerciais brasileiros, por dar ensejo a ressentimentos e desconfianças nos Estados vizinhos. Logo, a diplomacia brasileira contemporânea vale-se da "tradição" nacional de apaziguamento dos conflitos na América do Sul – prática que, no entanto, somente se consolidaria no período republicano. Para tanto, a política externa apoia-se no repertório do jurisdicismo latino-americano, buscando projetar uma imagem de moderação e prudência. Nessa linha, o processo de integração das economias do subcontinente, impulsionado nos anos 1990 pelo Mercosul, parece ter constituído elemento de reforço da lógica não confrontacionista brasileira – instrumental para o aprofundamento das relações comerciais com os parceiros sul-americanos. Estas últimas, que desde o final dos anos 1970 adquirem importância crescente, passam a representar elemento fulcral da estratégia de diversificação de parcerias internacionais do país – cujos objetivos essenciais são ao mesmo tempo a busca de autonomia e de insumos para o desenvolvimento.

A menção anterior à existência de uma *rationale* "implícita" ao não confrontacionismo foi proposital. Deriva da noção de que ela possui um forte aspecto tático ou contingente. Se, por um lado, é lícito defender a tese de que a busca da conciliação de interesses antagônicos encontra respaldo na identidade nacional, por outro, é perfeitamente plausível sugerir que ela ocorre em razão das debilidades do poder brasileiro ao longo do século XX. O patrono da diplomacia não poderia ser mais explícito: "os meios persuasivos são, a meu ver, os únicos de que lança mão, para sair-se bem de negociação complicada como esta [litígio com a França sobre o Amapá], uma nação como o Brasil, que ainda não dispõe de força suficiente para impor sua vontade a uma grande potência militar"[11]. Em outras palavras, não só a estrutura de ideias seria responsável pela política externa conciliatória do país, mas também, sobretudo, a estrutura material. Deve-se ter em conta que o Brasil nem sempre foi a principal potência da América do Sul. Mesmo no presente, a grande vantagem brasileira concentra-se no campo econômico e na dotação de recursos naturais, persistindo toda uma gama de indicadores em que o país se encontra inferiorizado em relação a alguns de seus vizinhos (por exemplo, educação básica, infraestrutura, segurança pública etc.). Ademais, se parece certo que a tradição jurisdicista da política externa corrobora o não confrontacionismo, o realismo também o faz por motivos distintos. Pela lógica deste último, esposada por Rio Branco, é justamente a ausência de recursos de poder, em escala adequada, que indica o acerto da busca da resolução pacífica dos conflitos. Em síntese, deve-se admitir que as linhas de força da política externa brasileira, representadas pelo jurisdicismo e pelo realismo, somente se encontrarão perfeitamente alinhadas enquanto permanecer a atual identidade internacional do Brasil. Esta última, contudo, poderia vir a ser alterada tanto por modificações na autoimagem do país quanto por um eventual acréscimo de seu poder relativo.

Diante do exposto, a preponderância da diplomacia sobre as forças armadas, no Brasil, resulta da conjunção de uma identidade nacional conciliatória com a persistência de um arranjo de polaridade específico em que falta à potência regional capacidade efetiva de projeção multidimensional de poder. Isso se reflete no tamanho modesto da Marinha, Exército e Aeronáutica relativamente ao total da população e nos baixos gastos em defesa como proporção do PIB. Estes, contudo, encontram-se francamente desequilibrados, com a parcela correspondente ao pagamento de salários, aposentadorias e pensões representando mais de 80% do total. Contribui igualmente para a limitação do investimento em defesa a já mencionada tradição conciliatória da política externa republicana. Essencialmente fundamentada na emulação seletiva dos princípios plasmados por Rio Branco, ela sempre teve presente a importância da moderação para um país como o Brasil. A mencionada moderação derivaria, ao mesmo tempo, da consciência da debilidade nacional em relação aos países desenvolvidos e da paridade em relação aos demais países sul-americanos. Assim, a longo prazo, a cautela seria um trunfo no sentido de garantir uma relação produtiva com as principais potências mundiais (dificultando, pela aderência ao *mainstream*, pretensões intervencionistas) e com os Estados lindeiros (que não se sentiriam ameaçados pelo Brasil).

Ainda sobre a moderação da política externa brasileira, caberia tecer algumas considerações que coloquem em perspectiva a sua influência sobre a baixa prioridade atribuída ao fortalecimento da capacidade de defesa nacional. Em primeiro lugar, deve-se discutir o que "moderação" significa. De maneira simplificada, pode-se dizer que o termo teria dois significados normativamente distintos. Concebido como prudência, temperança, precisão, clareza de julgamento, esse construto poderia ser considerado essencialmente positivo para a condução de qualquer política externa. No entanto, encarado como sinônimo de indecisão, tibieza, ausência de resolução, o termo adquiriria conotação negativa. Diante disso, a moderação só pode ser tomada como um valor a ser perseguido se for compreendida em seus aspectos virtuosos. Nenhuma das características positivas do construto implica o abandono da política de defesa como tema de fundamental importância. Tampouco a moderação determina que se negligenciem as necessidades de o Brasil contar com forças armadas compatíveis com a sua estatura internacional. Em resumo, deve-se ter presente que não há uma relação necessária entre uma política externa baseada em valores de conciliação/moderação e a fragilidade militar do país. Se esta última pode certamente reforçar a tendência conciliatória da primeira, o contrário não é forçosamente verdadeiro. Como toda política externa prudente vale-se dos insumos de poder (reais ou imaginados) de que dispõe para pautar sua atuação, é lícito supor que a brasileira utilize a moderação no campo estratégico essencialmente como forma de compensar as debilidades militares nacionais. Ao que tudo indica, existe aqui um caso de lógica circular, em que a realidade material influencia a formação de identidades, que, por sua vez, influencia a realidade material.

O parágrafo anterior serve de *caveat* em relação a um argumento frequentemente encontrado nas discussões menos informadas sobre a relação entre política externa e política de defesa no Brasil: o de que haveria uma perfeita harmonia entre a tradição conciliatória mencionada alhures e a fragilidade militar do país. Dito de outra maneira, essa *rationale* equivocada supõe a existência de simetria exata entre as duas políticas públicas. Portanto, os partidários daquela tese supõem que teria havido, em algum ponto da história, uma decisão política de alto nível no sentido de privilegiar a conciliação como estratégia imutável de política externa. Em consequência, a política de defesa foi obrigada a se ajustar a essa decisão, o que determinaria o baixo perfil das forças armadas brasileiras. A inconsistência desse argumento é flagrante, uma vez que implica a existência de uma capacidade de planejamento de políticas públicas improvável, bem como de um nível sem precedentes de subordinação da política de defesa à política externa. Em última análise, a *rationale* em questão vê ordem onde impera a ausência de ordem, o que apenas serve para mascarar os problemas que dizem respeito ao insuficiente grau de integração entre as políticas em tela. Ademais, essa visão negligencia o fato de que a tradição conciliatória brasileira é, fundamentalmente, uma invenção republicana pós-Rio Branco. A diplomacia imperial e aquela levada a cabo durante a gestão do patrono do Itamaraty não hesitaram em utilizar todos os instrumentos da *realpolitik*, inclusive o emprego e a ameaça de uso da força armada, para garantir a delimitação favorável das fronteiras nacionais. Na verdade, valeram-se casuisticamente do realismo e do jurisdicismo para avançar os interesses do país, de acordo com o contexto específico que envolvia cada situação concreta.

Essencialmente, argumenta-se aqui *contra* Cavagnari no que diz respeito à tese sobre a suposta coerência entre as políticas externa e de defesa. Nesse sentido, valeria citar passagem do referido autor:

> Existe coerência entre a política externa e a política de defesa, apesar de sua excessiva generalização, e essa coerência revela uma finalidade não explícita, intencional ou não, de manter a força excluída do jogo político-estratégico, desqualificando a ação militar como substituto da ação diplomática. Assim, sendo admissível a possibilidade de o país vir a ser grande potência regional, tal finalidade deve ser abandonada e a concepção de defesa deve abranger necessariamente essa possibilidade.[12]

Deve-se, antes de mais nada, mencionar a falta de clareza conceitual da passagem acima citada. Não parece evidente o significado de uma "finalidade não explícita, intencional ou não" das políticas externa e de defesa. Da mesma forma, ao menos de um ponto de vista clausewitziano, não é correto imaginar uma separação tão marcada entre ação militar e diplomática. Segundo o general prussiano, militares e diplomatas agiriam de acordo com uma lógica política una, que variaria fundamentalmente quanto aos meios empregados. Durante a paz, o espectro da guerra atuaria como balizador das relações diplomáticas, ao passo que, durante a guerra, a diplomacia atuaria permanentemente para traduzir os resultados obtidos no campo de batalha em arranjos políticos que voltassem a estabilizar as relações entre os Estados contendores. O estudioso da Unicamp sugere também que a desqualificação da ação militar como instrumento de política externa dependeria do poder relativo do país no âmbito regional. Seu pensamento implica que, caso a atual correlação de forças entre o Brasil e os países lindeiros perdure, a força armada poderia permanecer banida do repertório mais amplo de ferramentas diplomáticas à disposição do Itamaraty. Ao mesmo tempo, afirma que a possibilidade de elevação do Brasil à categoria de "grande potência regional" faria com que esse quadro devesse ser modificado. Esse argumento é apenas parcialmente verdadeiro, uma vez que não considera a hipótese de que o poder militar passe a ser considerado como instrumento válido pela diplomacia a partir de uma mudança de perspectiva quanto à identidade internacional do país.

Embora esteja correto ao apontar que o plano declaratório da política externa "aposta na desqualificação da força como meio de solução dos conflitos de interesses", Cavagnari contradiz sua tese principal ao mencionar, em seguida, que a diplomacia reconhece "que o poderio estratégico-militar ainda é significativo na avaliação do poder". Ora, se a diplomacia aposta na desqualificação da força como ferramenta política, mas reconhece seu valor como parte indissociável do poder *lato sensu*, ela não pode ter por finalidade a manutenção do baixo perfil estratégico nacional. Da mesma forma, não pode haver coerência entre a política externa e a política de defesa, pois isso significaria admitir: que a primeira determina a segunda; e que a forças armadas estariam plenamente satisfeitas ou conformadas com a reduzida relevância estratégica brasileira. Na realidade, nenhum dos dois itens aludidos corresponde à verdade. A política externa não tem a capacidade de determinar inapelavelmente a política de defesa, nem as forças armadas estão globalmente conformadas com a fragilidade militar nacional. Esses fatos apenas reforçam a tese já defendida neste estudo de que a desqualificação do poder militar como ferramenta do Estado a serviço da diplomacia obedece a uma lógica contingente. Embora ela tenha se cristalizado na prática diplomática republicana, sua causa primordial encontra-se numa avaliação realista das debilidades do poder militar brasileiro. Sua manutenção no léxico contemporâneo do Itamaraty, conforme indicado anteriormente, decorre da persistência das mencionadas debilidades e da própria tendência inercial à reprodução de uma determinada identidade na ausência de teorização ou de choques externos que venham a colocá-la em xeque.

Tendo em conta as considerações anteriormente aludidas, parece oportuno mencionar algumas das preocupações brasileiras contemporâneas relacionadas ao entorno sul-americano. Superadas a Guerra Fria e a rivalidade com a Argentina – descartada a partir da consolidação do Mercosul –, as hipóteses de conflito com que trabalham as forças armadas brasileiras deslocam-se do Cone Sul para a Amazônia. Estas, contudo, são de caráter eminentemente defensivo e estão centradas na possibilidade de confrontação com forças irregulares (guerrilheiros, narcotraficantes, garimpeiros), por um lado, e com uma coalizão internacional de potências que viesse a questionar a soberania do país sobre a região, por outro. Embora os estados-maiores das respectivas forças singulares ainda mantenham planos para a eventualidade de conflitos com Estados vizinhos, estes são produto mais da inércia e da necessidade de planejamento inerente à profissão das armas do que de efetiva compreensão de que teriam alto grau de plausibilidade. Essas circunstâncias reforçam a tendência do país ao relaxamento estratégico, que, apesar das tentativas de militares no sentido de securitizar a questão amazônica, se traduz no baixo perfil do poderio bélico nacional. Nesse sentido, Thomaz

Guedes reflete sobre o referido relaxamento, salientando a contradição existente entre o desejo de uma posição de maior prestígio no plano internacional e a fragilidade do aparato de defesa brasileiro. Relaxamento e fragilidade, aliás, que há 100 anos já eram denunciados por Rui Barbosa e que seriam demonstrados cabalmente por Nelson Werneck Sodré em sua narrativa sobre o estado de penúria prevalecente nas forças armadas durante a maior parte do século XX.

Se a caracterização do papel do Brasil no CSR sul-americano estiver correta, é forçoso admitir que o país possui importância reduzida no que respeita às grandes questões de segurança internacional. Devido à baixa relevância estratégica da América do Sul e às debilidades de sua principal potência, os problemas de segurança eventualmente existentes tendem a ficar confinados ao plano regional. Ainda que venham a ocorrer eventos de dimensões catastróficas no subcontinente, a possibilidade de que gerem impactos significativos no nível sistêmico parece pequena – o caso da África sendo emblemático nesse sentido. Em consequência, a capacidade brasileira de mediação entre os planos regional e sistêmico torna-se secundária para a gestão da segurança internacional do ponto de vista das grandes potências, uma vez que dificilmente seus interesses vitais correriam risco em função de desenvolvimentos negativos oriundos da América do Sul. Isso não quer dizer que o papel do Brasil como articulador entre região e sistema seja nulo. No entanto, sua limitada capacidade de projeção de poder militar e seu apego ao princípio da não ingerência fazem com que possua escassas possibilidades de atuação como *broker* das grandes potências em situações que exijam mais do que mediação diplomática.

A única hipótese plausível de mudança desse quadro decorreria do aumento do interesse da superpotência pela

América do Sul em função de ameaças potencializadas pela contiguidade geográfica. Se essas fossem de tal ordem que afetassem interesses vitais dos EUA — proliferação nuclear, implantação de grupos terroristas, necessidade de acesso a matérias-primas essenciais etc. —, dificilmente os americanos considerariam solicitar a interferência brasileira. Nesse caso, tudo indica que tentariam neutralizar o problema agindo por conta própria. No entanto, na eventualidade de tratar-se de percepção de ameaça moderada e de longo prazo, é possível que os EUA solicitassem os bons ofícios brasileiros com o fito de os auxiliar. Em qualquer circunstância, somente em questões relativamente secundárias para a superpotência seria possível imaginar uma efetiva atuação do Brasil como mediador entre os planos regional e sistêmico. Logo, conclui-se que, ao menos no curto prazo, o país não possui condições de exercer influência relevante sobre o sistema internacional de segurança. Por conseguinte, a participação em *peacekeeping operations* não muito exigentes em termos militares parece ser o máximo que o Brasil pode fazer para contribuir para a estruturação desse sistema de modo geral.

Capítulo 3

O plano doméstico e suas implicações para a estruturação de políticas públicas articuladas

Entraves domésticos à condução da política de defesa

Esta seção tem por objetivo utilizar os elementos contextuais decorrentes do capítulo anterior como moldura a partir da qual seja possível agregar a influência decisiva dos fatores domésticos sobre a formulação da política de defesa brasileira. Dada a complexidade da inter-relação entre os planos externo e interno, essa tarefa será realizada sem a determinação do peso relativo de cada um deles para a condução daquela política pública. No entanto, tendo em conta o que já foi discutido, parte-se aqui do axioma básico de que o plano doméstico é mais relevante do que o internacional para a produção da política de defesa. Isso ocorre em função do fato de que os *inputs* emanados do CSR sul-americano e do nível sistêmico não são suficientemente intensos para suplantar a preponderância da dinâmica político-burocrática relacionada à gestão dos assuntos militares no Brasil. Assim, a ausência de securitização de ameaças advindas do exterior e o perfil acomodatício da diplomacia nacional, entre outros fatores, fariam com que a problemática castrense estivesse essencialmente condicionada pela lógica da política doméstica. Nesse sentido, o próprio subdesenvolvimento institucional do país contribuiria para que houvesse dificuldades intrínsecas na tradução de incentivos externos em políticas públicas capazes de lhes dar respostas eficazes. Partindo desses pressupostos, encontram-se no plano interno as razões primordiais para a configuração da política de defesa tal qual praticada desde o fim da Guerra Fria.

Em vista do que precede, procurar-se-á sintetizar as características fundamentais da política de defesa brasileira a partir de 1989, período correspondente à chamada Nova República. Como é óbvio, essa caracterização não poderá ser detalhista, atendo-se apenas a seus aspectos centrais. Tendo em conta a notável continuidade dessa política pública no período pós-autoritário recente, esse não parece ser um problema de relevo. Assim, torna-se imperioso, antes de mais nada, mencionar o tipo de relação Estado-sociedade preponderante no país e o papel exercido historicamente pelas forças armadas. Ambos servirão de base para a determinação do contexto institucional em que se processa a formulação da política de defesa. Em vista da impossibilidade de aprofundar a discussão sobre as modulações sofridas por esta última durante as cinco presidências que se sucederam desde o término da confrontação bipolar, optou-se aqui por abordá-la com o menor número possível de referências a governos particulares. Essas ocorrerão somente quando forem indispensáveis para o desenvolvimento dos argumentos esgrimidos pelo autor.

Do ponto de vista da relação Estado-sociedade prevalecente no Brasil, deve-se admitir que a estruturação do primeiro precedeu a formação de um sentimento nacional forte.

Nesse sentido, a nação brasileira foi uma inequívoca invenção estatal. Contudo, aquela relação distingue-se, desde os seus primórdios, por seu caráter extremamente complexo e multifacetado – não sendo passível de apreensão conveniente pela mera enunciação da dicotomia fraqueza-fortaleza de um dos termos da identidade em face do outro. Assim, para encurtar uma longa discussão, Estado e sociedade devem ser encarados como entidades mutuamente constitutivas. No caso brasileiro, o elemento fulcral do tema ora em análise é a persistente preponderância do particularismo. Apesar de ter logrado estender sua capacidade administrativa/coercitiva à totalidade do território, as debilidades intrínsecas ao Estado até hoje permitem que haja brechas por onde penetram poderes locais que vicejam à margem de sua jurisdição. Do mesmo modo, a prevalência do patrimonialismo enfraquece sobremaneira a capacidade estatal de oferecer respostas tempestivas e eficazes às demandas sociais. Esse quadro genérico retrata as dificuldades existentes para a consolidação de instituições públicas de cunho universalista no país. Conforme demonstrou Edson Nunes, convivem, no Brasil, quatro distintas gramáticas político-burocráticas, cada uma possuindo lógicas divergentes: clientelismo/personalismo, universalismo de procedimentos, corporativismo e insulamento burocrático. A convivência dessas lógicas divergentes gera necessariamente ineficiências e problemas de coordenação.

No que diz respeito à atuação da Marinha e do Exército (e, a partir de 1941, também da Aeronáutica), pode-se sustentar que exerceram um importante papel político durante os períodos imperial e republicano. Em poucas ocasiões, contudo, foram convocados a atuar em funções clássicas, que envolvessem a preservação da soberania diante de ameaças externas de cunho estatal. Nas duas participações em conflitos bélicos no século XX, por exemplo, ficou patente o despreparo militar do país. Essa debilidade é congruente com a condição periférica nacional. Num país com sociedade civil e Estado fracos, grau mediano de coesão social, média/baixa governabilidade, graves desigualdades sociais, cultura política fortemente clientelista, e inexistindo securitização intensa de ameaças externas, as forças armadas estiveram historicamente mais voltadas para os problemas relacionados ao seu próprio fortalecimento institucional, ao desenvolvimento econômico e à manutenção da ordem interna do que para a preparação para a guerra. Na gestão de sua segurança, é lícito afirmar que o Brasil independente atribuiu prioridade inequívoca às questões domésticas. No entanto, esse painel genérico não dá conta da pluralidade de posições existentes dentro de cada força singular a respeito de seu papel no seio da sociedade brasileira. Mesmo no Exército, possuidor de um amplo histórico de intervenções políticas e preocupação com a segurança interna, sempre houve grupos que defenderam a especialização em questões estritamente militares. Nesse sentido, os oficiais que fizeram estágio no exército alemão a partir de 1906, conhecidos como "jovens turcos", tiveram participação destacada no processo de profissionalização da força terrestre, não podendo ser considerados exemplos isolados. Deve-se levar em conta, igualmente, a influência exercida pelas missões militares estrangeiras na formação das forças armadas brasileiras. A missão francesa e a americana foram instrumentais para a apreensão de novas doutrinas e para o reforço do profissionalismo castrense – respectivamente no Exército e na Marinha.

A despeito da pluralidade de posições dentro de cada uma das forças singulares e das divergências entre elas quanto à concepção de papéis, Edmundo Campos Coelho defende de maneira consistente a tese, relacionada à força terrestre, de que são as demandas da organização o principal motor da ação corporativa. Nessa linha, a perspectiva organizacional conferiria sentido a muito da história da participação dos militares na política nacional. O ambiente institucional brasileiro, marcado pelo particularismo, fortaleceria a percepção de que as forças armadas deveriam se manter distantes das querelas inerentes ao jogo político-partidário. Assim, o insulamento burocrático representou um verdadeiro escudo utilizado pelas forças armadas para se afastarem do facciosismo da política. Ao mesmo tempo, o messianismo, decorrente da profunda implantação do pensamento positivista nas hostes castrenses republicanas, serviu de fundamento para justificar a visão de que a caserna teria uma missão civilizatória a desempenhar no Brasil. Nesse sentido, em 1964, os militares rompem com a estratégia do insulamento e procuram purgar a sociedade dos elementos que entendiam nocivos à manutenção da ordem institucional. Essa tentativa de eliminar os vícios da sociedade brasileira, representada pela imposição do etos existente nos quartéis ao conjunto da população, acabou por contribuir adicionalmente para o divórcio da primeira em relação aos militares. É compreensível, portanto, que até o presente perdurem, de forma inercial, desconfianças de amplos setores da sociedade civil em relação ao estamento militar – mesmo depois de sua plena adesão aos preceitos da democracia implantada a partir de 1985.

Tendo em conta a breve contextualização precedente, pode-se sugerir que alguns fatores são instrumentais para a baixa prioridade atribuída aos temas de defesa no Brasil pós-autoritário: a limitada capacidade de proposição e de fiscalização de políticas públicas complexas por parte do Poder Legislativo; a ênfase conferida à problemática do desenvolvimento; a enorme incompreensão dos assuntos militares por parte das elites brasileiras em função do insulamento burocrático e do histórico de intervenção das forças armadas na política; a construção de uma identidade nacional cuja autoimagem favorece o não confrontacionismo em política exterior; a ausência de securitização de ameaças externas; e a intensidade da percepção de ameaças internas. Sobre este último fator, deve-se admitir que a dimensão adquirida pela questão da segurança pública constitui um poderoso elemento de pressão sobre as forças armadas (em especial sobre o Exército), uma vez que a militarização daquela é encarada por muitos formadores de opinião como panaceia para a grave crise ora existente. Assim, a problemática da segurança pública pode ser considerada um dos mais importantes componentes da percepção socialmente compartilhada de que as principais ameaças ao Brasil partem do plano interno, incidindo pesadamente sobre as questões de defesa nacional – uma vez que estas não são vistas como prioritárias. Esse fato dificulta a formação de consenso sobre a necessidade de estruturar, de maneira adequada, a articulação entre Marinha, Exército e Aeronáutica.

Nesse sentido, valeria abordar com um pouco mais de atenção a influência que a estrutura institucional brasileira exerce sobre a condução da política de defesa. Para tanto, a análise do sistema político-partidário adquire importância transcendente. É possível afirmar que o *design* desse sistema gera consequências contraditórias. Como aspectos positivos, poder-se-ia relacionar a boa capacidade de reprodução das clivagens existentes na sociedade, possibilitada pelo sistema de representação proporcional com listas abertas, e a tendência à estabilidade da lei magna de 1988, decorrente da necessidade de supermaiorias para a sua alteração. Como aspectos negativos, dever-se-ia citar a debilidade dos partidos, a instabilidade das coalizões de governo e a baixa capacidade de inovação decorrente da dificuldade de aprovação de emendas à Constituição. Assim, a engrenagem política nacional assenta-se sobre uma estrutura de vetos múltiplos, que limita qualquer tentativa de mudança do *status quo*. A prevalência de um federalismo forte, as distorções da representação popular e as disparidades regionais, entre outro fatores de relevo, são elementos adicionais que constrangem as tentativas de inovação institucional. Dessa forma, o presidencialismo de coalizão, dependente de um corpo legislativo fragmentado, munido de alto poder de veto, incentiva a reprodução de formas tradicionais de troca política. Estas expressam-se por meio do clientelismo e da patronagem, meios utilizados pelo poder Executivo para mitigar o viés obstrucionista do Parlamento. A máquina governamental, emperrada pelas diversas instâncias de veto, termina por se tornar refém de um permanente processo de barganha entre o Executivo e a sua própria base de apoio parlamentar – interessada na obtenção de cargos e verbas públicas passíveis de serem utilizados para fins clientelistas.

Dadas as características do sistema político-partidário do país, inclusive o alto grau de *turn-over* a cada eleição, há um forte desincentivo para que os detentores de mandatos parlamentares se interessem pelo acompanhamento de políticas públicas complexas e de baixo apelo popular. Esse é justamente o caso das políticas externa e de defesa. A falta de assessores parlamentares habilitados a avaliar esse tipo de política também é um problema que enfraquece a capacidade de formulação e de fiscalização do Congresso nacional. Logo, deputados e senadores não têm acesso cotidiano a fontes alternativas de análise, sendo obrigados a recorrer às próprias burocracias especializadas. Mesmo nos EUA, país que possui grau de institucionalização do sistema político-partidário bem superior ao brasileiro e onde os temas de defesa possuem grande apelo, Amy Zegart detecta circunstância similar. Como consequência da complexidade dos assuntos abordados, da assimetria de informação entre a burocracia militar e os parlamentares, e da sensibilidade dos problemas envolvidos, as questões de defesa são entendidas pelos próprios legisladores como domínio privilegiado do chefe de Estado. Dessa forma, Zegart sugere as seguintes proposições sobre as agências de segurança nacional em seu país:

- o Executivo determina o *design* inicial das agências;
- as agências refletem os conflitos entre as burocracias e destas com o presidente;
- o poder Executivo direciona a evolução das agências;
- o congresso exerce supervisão esporádica e pouco eficiente das agências, uma vez que tem baixos incentivos e ferramentas ineficazes para realizar essa tarefa.

No caso brasileiro, as proposições anteriormente mencionadas também se aplicam, porém com intensidade distinta – uma vez que os problemas de institucionalização do sistema político-partidário existentes no país acabam por agudizá-las. Logo, os dividendos políticos decorrentes da especialização em relações exteriores e defesa nacional serão menores no Brasil do que nos EUA. Sendo reduzida a possibilidade de utilização das políticas externa e de defesa para fins clientelistas, há desestímulo ao seu acompanhamento rigoroso. Essa falta de interesse torna as políticas mencionadas não prioritárias em termos de atribuição de recursos. Mais do que no modelo proposto por Zegart, a política de defesa brasileira constitui domínio reservado do Executivo. Ocorre que esse poder, talvez em face da percepção de inexistência de ameaças que justifiquem o comprometimento de recursos substanciais com as forças armadas, pouco tem a lucrar politicamente com uma boa condução do setor. Em vista disso, as decisões sobre a configuração de cada ramo e de seu conjunto são relegadas aos próprios militares. Na falta de coordenação e fiscalização efetivas por parte do poderes Executivo e Legislativo, os projetos de cada força com frequência espelham as contradições decorrentes da permanência de visões mutuamente incompatíveis entre Marinha, Exército e Aeronáutica.

Os elementos previamente explorados, aliados à suposição de que o CSR sul-americano não seria conturbado o suficiente para levar à securitização de ameaças externas, fazem com que a política de defesa nacional seja fortemente condicionada pela dinâmica inercial das ações das três forças singulares. Essa dinâmica foi mantida em seus traços essenciais desde 1989 até os dias de hoje – apesar da implantação do Ministério da Defesa (MD), em 1999. Tendo em vista as circunstâncias que marcaram a sua fundação e o seu desenvolvimento recente, o MD permanece incapaz de exercer direção efetiva sobre as forças armadas. Esse fato torna extremamente difícil considerar que as modificações institucionais ocorridas no setor, desde o fim da Guerra Fria, tenham resultado em uma política de defesa renovada. Nesse sentido, é lícito supor que, nos últimos 20 anos, a continuidade foi muito maior do que a mudança no que toca à gestão dos assuntos militares. Portanto, pode-se afirmar que a política de defesa atual possui muitos dos traços existentes há duas décadas: cada força singular persegue seus próprios objetivos sem preocupação com a compatibilidade, coerência e racionalidade de suas ações em relação às políticas setoriais das demais forças. Evidência disso é a inconsistência sistêmica entre as estratégias de projeção de poder, da Marinha, ocupação territorial, do Exército, e desenvolvimento do poder aeroespacial, da Aeronáutica. Sem diretrizes unificadoras claras emanadas do Executivo ou do Legislativo, a política de defesa permanece essencialmente um amálgama de iniciativas isoladas cujos pressupostos foram independentemente formulados de acordo com a leitura específica de cada força a respeito de sua instrumentalidade. Embora seja possível sustentar a tese da crescente importância atribuída por Marinha, Exército e Aeronáutica (em graus diferenciados) à preparação para a guerra, a resultante dos vetores representados em cada força singular aponta para a existência de uma política de defesa não coordenada e incoerente ao longo do período estudado.

Entraves à articulação entre as políticas externa e de defesa

Na seção anterior, procurou-se demonstrar a existência de uma série de entraves que dificultam a condução virtuosa da política de defesa. Nesta seção, pretende-se identificar os fatores que contribuiriam para que a articulação daquela com a política externa também esteja muito aquém do que seria desejável. Antes de tratar da questão propriamente dita, faz-se imprescindível explorar o que se entende por articulação e como seria possível estabelecer um parâmetro para determinar se as políticas externa e de defesa estariam ou não convenientemente articuladas. No presente estudo, compreende-se o conceito de maneira singela como a perseguição de metas comuns às duas políticas públicas antes mencionadas, visando maximizar os ganhos (ou minimizar os prejuízos) da ação internacional do Brasil. Nessa linha, pode-se recortar a realidade correspondente à interface entre as políticas em tela por meio de um *continuum* de cinco conceitos diferenciados, cada um deles correspondendo genericamente a uma forma distinta de relação entre elas: incompatibilidade, divergência, harmonização, coordenação e integração. A primeira representaria a ausência de articulação; a segunda, articulação deficiente; a terceira, articulação pouco profunda; a quarta, adequada; e a quinta, ideal.

Nesse sentido, deve-se admitir que a mensuração precisa dos ganhos do país, decorrentes da maior ou menor articulação entre as políticas externa e de defesa, constitui exercício de grande complexidade. Contudo, pode-se estimá-la por meio de estudos de caso. Logo, quanto mais efetiva a ação conjunta na defesa dos interesses nacionais em casos específicos, maior deverá ser o nível de articulação alcançado – o contrário sendo igualmente verdadeiro. Supondo que os Estados nacionais persigam o objetivo de articular da melhor forma possível as políticas em questão, estas teriam que contar com algumas características fundamentais: ambas necessitam estar centradas em uma base comum de entendimentos a respeito do papel a ser exercido pelo Estado no plano internacional (entendimentos que devem emanar do poder político e estar respaldados por ele, em acordo com as normas constitucionais); a partir dessa base comum, o planejamento das políticas setoriais decorrentes (da política externa e da política de defesa, com seus componentes naval, terrestre e aéreo) deve guardar aderência aos princípios gerais que o embasam, não havendo incompatibilidade entre eles. Como é óbvio, a definição do que se denominou aqui "base comum de entendimentos" não é algo trivial, especialmente em regimes democráticos. Mais difícil ainda é a compatibilização das políticas setoriais empreendidas por burocracias cuja tendência natural é competir antes de cooperar – mesmo que em prejuízo de metas desejáveis do ponto de vista do interesse público. Assim, a fórmula institucional universalmente disseminada para tentar garantir a melhor articulação possível das ações dos ramos das forças armadas (Marinha, Exército e Aeronáutica) é o Ministério da Defesa. Este, por sua vez, unificaria a interlocução com a(s) burocracia(s) responsável(is) pela condução da política externa. A articulação entre a política externa e a política de defesa pode também ocorrer por meio de mecanismos como os conselhos de Segurança Nacional, que normalmente reúnem as mais altas esferas decisórias de um país.

Feitas essas considerações preliminares, torna-se forçoso admitir que, no Brasil, se registra um grau de articulação insuficiente entre as políticas externa e de defesa. Essa suposição aplica-se ao período abrangido por este trabalho, mas poderia provavelmente ser estendida como representação da realidade pré-1989. Uma complexa gama de fatores contribui para que tal ocorra. Contudo, com o objetivo de manter o sentido de síntese deste estudo, serão abordados apenas quatro fatores que ajudam a explicar a insuficiência acima mencionada: a baixa prioridade da política de defesa; a ausência de direção política efetiva sobre a política de defesa; o perfil não confrontacionista da política externa; e a ausência de mecanismos operacionais de articulação entre as políticas externa e de defesa. Os fatores apontados inter-relacionam-se, sendo difícil definir o peso relativo de cada um para a existência do fenômeno em análise. Por constituir foco não essencial da presente seção, essa definição não será levada à frente. Tratar-se-á dos quatro fatores de maneira individual, fazendo eventuais comentários sobre suas imbricações lógicas. A discussão relacionada aos efeitos específicos das instituições e da política burocrática sobre a capacidade de articulação estatal não será abordada de maneira particular, estando subjacente aos elementos tratados a seguir.

No que toca à baixa prioridade da política de defesa, pode-se dizer que as transformações recentes por que passou o sistema internacional não foram de molde a incentivar qualquer iniciativa que implicasse a elevação do tradicionalmente baixo perfil estratégico do Brasil. Consciente desse fato, o Itamaraty não cogitou a institucionalização de mecanismos formais de articulação com os então ministérios militares – situação que persistiu, na prática, mesmo depois da criação da I Política de Defesa Nacional (PDN) e do MD. Inexistindo processos de securitização de ameaças externas, ao mesmo tempo que se agudizava a problemática da segurança pública, não houve incentivos capazes de induzir os poderes Executivo e Legislativo a reestruturarem a articulação entre as instituições nacionais responsáveis pelos temas que compõem a interface política externa/política de defesa. O relacionamento entre diplomatas e militares se processou, ao longo do período em análise, de maneira informal, parametrizado por lógica essencialmente reativa, uma vez que não existiam diretrizes de longo prazo e tampouco mecanismos de articulação operacionais capazes de imprimir direção integrada às duas políticas em questão. Conforme aludido alhures, os desincentivos existentes, sobretudo no Parlamento, para o acompanhamento dos temas de defesa também contribuíram para a reduzida prioridade daquela política. Como consequência, a carência de meios e a falta de consistência da política de defesa efetivamente implementada representam fatores críticos para a precariedade de sua articulação com a política externa.

Levando em conta o acima referido, seria possível imaginar uma política pública não prioritária que fosse conduzida de maneira satisfatória. Mais uma vez, esse parece não ser o caso da política de defesa. Ao deixarem a condução desta última aos cuidados dos próprios militares – o que essencialmente continuou a ocorrer depois de criado o MD –, os poderes Executivo e Legislativo abriram mão, implicitamente, do controle sobre os resultados daquela política. Tendo em vista os problemas do tipo agente/mandante disseminados no Estado brasileiro, parece improvável que burocracias complexas e pesadas como as militares, quando deixadas livres de controles sociais, sejam capazes de produzir políticas públicas satisfatórias. As flagrantes inconsistências existentes entre as políticas setoriais dos três ramos das forças armadas apenas confirmam essa suposição. A atual inviabilidade financeira da Marinha, do Exército e da Aeronáutica, causada pelo custo excessivo do pagamento de salários, aposentadorias e pensões, é outro exemplo que reforça a tese de que burocracias sem supervisão produzem resultados socialmente espúrios. Logo, dadas a baixa prioridade e a inexistência de controle efetivo sobre a política de defesa, esta torna-se refém das dinâmicas corporativas de cada força. Como essas dinâmicas não obedecem a uma direção unívoca, torna-se problemática a articulação da política externa com a de defesa (nesse caso, um amálgama não coerente de políticas setoriais). Assim, na melhor das hipóteses, a primeira terá grandes dificuldades de estabelecer coordenação efetiva com a segunda – fato cujas consequências somente têm sido minimizadas pela precariedade desta última e por sua exclusão prática dos cálculos estratégicos que instruem a ação internacional levada a cabo pelo Itamaraty.

De acordo com o explorado na terceira seção do capítulo 2, o perfil não confrontacionista da política externa também parece contribuir para a existência de dificuldades de articulação entre as duas políticas em tela. Isso ocorre em função do esvaziamento da legitimidade da utilização da força no plano internacional. A tradicional opção brasileira pelo jurisdicismo e pelo pacifismo, mantida em essência no período pós-Guerra Fria, faz com que o poder militar seja encarado com indiferença ou mesmo com desconfiança. Esta última teria a ver com a perspectiva de que, em última análise, tal poder não somente não seria útil como ferramenta de política externa, mas também poderia vir a ser contraproducente ao fomentar a discórdia no CSR sul-americano. Essa visão, contudo, carece de fundamentos sólidos. Aqui, no entanto, valeria apenas reiterar a convicção de que há uma lógica circular inerente ao não confrontacionismo brasileiro: a fraqueza militar induzindo ao não confrontacionismo, que, por sua vez, retiraria legitimidade ao incremento de capacidades militares, que, por seu turno, enfraqueceria os pleitos pela eliminação das debilidades militares. Essa lógica constituiria um entrave de peso à plena articulação entre as políticas externa e de defesa.

A ausência de mecanismos operacionais de articulação pode ser considerada uma decorrência dos três fatores anteriormente mencionados. Apesar disso, ela constitui um problema em si mesma. Em tese, esses mecanismos poderiam ter caráter informal, o que faria com que fossem "invisíveis" para o pesquisador menos atento. Apesar disso, é sabido que militares e diplomatas mantêm canais ativos de interlocução tanto formais (adidâncias militares em embaixadas, participação conjunta em conferências internacionais sobre temas de segurança e defesa, em reuniões da Creden, do Conselho de Defesa Nacional – CDN etc.) quanto informais (troca de informações, palestras em cursos ministrados pelas academias militares e diplomática, consultas esporádicas etc.). Ocorre que essa interlocução, mesmo quando formal, não é estruturada a partir de diretrizes de alto nível, uma vez que os princípios constitucionais e a própria II Política de Defesa Nacional são genéricos demais para especificar objetivos a serem atingidos por meio da articulação entre as duas políticas em questão. Assim, *haveria muito mais interlocução do que efetiva articulação entre a política externa e a política de defesa*. A inoperância da Creden é um exemplo conspícuo da falta de mecanismos operacionais que pudessem conferir a ambas as políticas públicas analisadas um sentido de direção comum.

Os quatro fatores sumariamente discutidos somam-se para criar uma série de entraves à articulação entre duas políticas de Estado essenciais — ou que, ao menos, deveriam sê-lo — para a inserção internacional do Brasil. Dessa forma, levando em conta o período pós-Guerra Fria, é lícito afirmar que a política externa sofreu modificações importantes a partir da gestão Collor. O mesmo, contudo, não ocorreu em relação à política de defesa. Logo, as linhas de continuidade permaneceram muito mais fortes no âmbito militar do que no diplomático, o que faz supor que se produziu durante o período uma disjunção cada vez maior entre as políticas em tela. Esta só não se transformou em problema de relevo em face do baixo perfil estratégico do país e do entorno relativamente benigno existente na América do Sul. É de se supor ainda que, num contexto orçamentário menos restritivo — que permitisse a aquisição, pelas forças armadas brasileiras, de sistemas de armas importantes —, a disjunção entre a política externa e a política de defesa se faria sentir de modo mais intenso. Isso porque, *ceteris paribus*, perdurariam a ausência de direção política clara, a ausência de projeto de forças integrado, a ausência de mecanismo efetivo de coordenação diplomático-militar etc. Assim, pode-se inferir que, desde 1989, o baixo perfil estratégico brasileiro foi instrumental para abafar a precária articulação existente entre as políticas externa e de defesa. Como procurou-se demonstrar em outro trecho deste trabalho, aquele perfil não obedeceu a desígnios conscientes, mas à conjunção de uma série de fatores domésticos e internacionais – com destaque para a grave crise fiscal do Estado, que há quase três décadas vem limitando os recursos disponíveis para o investimento em políticas públicas não prioritárias. Assim, na melhor das hipóteses, a articulação entre as políticas aqui em estudo transitou entre os níveis da divergência e da harmonização.

Capítulo 4

Visões de futuro

O Brasil e o mundo em 2020: cenários

A construção de cenários reveste-se de importância não por ser capaz de prever o futuro, algo impossível, mas por reduzir a incerteza em relação àquilo que ainda está por acontecer. Ao traçarem cenários, os responsáveis pelo planejamento estratégico de empresas privadas e instâncias governamentais têm por objetivo limitar a complexidade do ambiente externo, indicando as configurações mais prováveis do porvir. Essa indicação deverá estar baseada em um número manejável de variáveis que, em conjunto, representarão os aspectos mais relevantes da realidade. Nenhum cenário, contudo, é suficientemente completo e abrangente para reproduzir de maneira fiel o mundo. Logo, os especialistas em prospectiva optam quase sempre pela elaboração de cenários alternativos, de modo a aumentar sua flexibilidade diante de efeitos não antecipados. Com frequência, os cenaristas utilizam o modelo trinário, em que o futuro se apresenta nas versões negativa, intermediária e positiva. A redução das alternativas a apenas três faz sentido na medida em que sua multiplicação tornaria difícil a realização de *follow-up*, além de aumentar o grau de especificidade de cada cenário construído – o que, em consequência, diminuiria as suas chances de reproduzir de maneira genericamente correta a realidade futura. Nesse sentido, faz-se necessário mencionar a importância dos ajustes dinâmicos dos cenários, pois somente dessa forma pode-se pretender mantê-los alinhados com eventuais tendências não contempladas inicialmente.

Além de reduzir a incerteza quanto ao futuro, a elaboração de cenários possui outra função particularmente relevante para este estudo: contribuir para que as políticas implementadas hoje sejam capazes de dar respostas adequadas aos desafios do amanhã. Assim, pode-se dizer que a própria existência de cenários prospectivos, desde que acompanhada de comprometimento real por parte dos agentes envolvidos, constitui aspecto importante do trabalho visando à concretização da melhor alternativa de médio prazo. Ela permite que os atores responsáveis pela implementação do planejamento estratégico sigam um *road map* definido, procurando maximizar os fatores virtuosos e minimizar os prejudiciais. Uma vez estabelecidos os cenários, torna-se mais claro o esforço requerido para tornar concreta a realidade mais positiva neles prevista. É exatamente essa a intenção do autor ao tratar da articulação entre as políticas externa e de defesa brasileiras. Portanto, acredita-se ser factível derivar dos três cenários exploratórios, que serão propostos a seguir, distintas possibilidades de relacionamento entre as políticas em tela. Supõe-se, contudo, que em qualquer deles a articulação será necessária. Logo, essa necessidade permanecerá invariante, mas terá sua feição substancialmente modificada de acordo com o espectro de alternativas suscitado pelos diferentes cenários.

Levando em conta os aspectos conceituais antes alinhavados, deve-se mencionar as características básicas dos cenários que se pretende construir. Por motivos óbvios, não será factível realizar um exercício inédito de prospectiva, o que determina que se utilize material previamente elaborado. O projeto "Cenários Exploratórios Brasil 2020", conduzido pela antiga Secretaria de Assuntos Estratégicos (SAE) da Presidência da República, constituirá a espinha dorsal dos cenários a serem desenvolvidos. No entanto, tendo em vista as reflexões aqui realizadas sobre a dinâmica da inserção brasileira no sistema internacional de segurança, pretende-se adaptar o documento derivado do "Brasil 2020" de forma a permitir que aquelas constituam o fundamento do ambiente externo em que o país terá que manobrar até 2020 – horizonte temporal máximo abrangido pelo documento em apreço, cujas etapas de avaliação intermediária correspondem aos anos de 2005, 2010 e 2015. As variáveis domésticas, por sua vez, serão essencialmente mantidas nos termos em que foram concebidas no "Cenários Exploratórios Brasil 2020". No que respeita à inter-relação dos planos interno e externo, faz-se necessário esclarecer que os três cenários produzidos estarão referenciados a apenas uma hipótese sobre os contornos do sistema internacional nos próximos 11 anos. Isso devido à impossibilidade de elaboração de uma grade três (plano interno) por três (plano externo). Essa grade daria origem a nove cenários, o que tornaria o exercício praticamente inviável.

Caberia, agora, especificar os elementos que serão utilizados na construção dos cenários propriamente ditos. Antes, porém, um comentário adicional precisa ser feito sobre a extrapolação das políticas externa e de defesa a partir de cada cenário distinto. Levando em conta que a realidade futura não pode ser apreendida em toda a sua inteireza, é forçoso admitir que exercícios prospectivos implicam necessariamente grande nível de generalidade. Nesse sentido, as políticas públicas em tela não farão parte dos elementos que serão considerados na elaboração daqueles por representarem um nível de agregação específico demais. Daí surge a questão incontornável: como extrapolar a articulação entre essas duas políticas com base em cada um dos três diferentes cenários? Mais uma vez, o analista deve apelar para a humildade. Sendo o futuro o reino da incerteza, e a interação entre políticas de Estado objeto de invulgar complexidade, a resposta para essas perguntas não será definitiva. No entanto, pode-se apelar para alguns elementos que ajudariam a conformar uma resposta tentativa: a base material (econômico-financeira), sem a qual pouco se pode fazer em termos de implementação de políticas; a base ideológica/cultural, que molda visões de mundo; e a base institucional, que amplia ou limita a capacidade de gestão de políticas públicas.

Munido desses elementos, é possível vislumbrar um esquema interpretativo dos cenários que dê origem a uma extrapolação coerente das políticas externa e de defesa deles derivadas. Esse esquema teria a seguinte forma: quanto maior a restrição financeira, mais disseminada uma visão kantiana sobre as RI do Brasil e mais ampla a difusão de problemas de caráter institucional, menor será o incentivo para o aperfeiçoamento da articulação entre as duas políticas acima mencionadas. Parece claro que esses pressupostos ainda possuem sensível grau de generalidade. Em qualquer circunstância, eles permitem ao analista organizar minimamente o pensamento. Assim, propõe-se derivar de cada cenário uma versão da política externa, uma versão da política de defesa e uma versão da articulação entre as duas – temas que serão explorados em detalhe nas próximas seções deste capítulo. Aquela última, contudo, não deverá representar a articulação ideal. Para contribuir para a formulação da política externa que melhor se coadune com a política de defesa em cada um dos três cenários, visando a atingir objetivos nacionais prioritários, o autor sugerirá três diferentes estratégias alternativas. Evidentemente, as características do plano doméstico serão determinantes para ampliar ou reduzir as potencialidades da articulação entre as políticas externa e de defesa – considerando que os cenários terão por base uma única hipótese sobre o ambiente internacional.

A estrutura dos cenários propriamente ditos estará dividida em seis dimensões: socioeconômica, político-institucional, científico-tecnológica, cultural, ambiental e espacial. Em cada uma delas deverão ser considerados três elementos relevantes para a construção dos cenários: invariantes, tendências de peso e variáveis centrais. Os invariantes representam situações que devem persistir nas próximas décadas com alto grau de probabilidade. São eles: unidade territorial, regime democrático, convivência multirracial, unidade linguística, garantia de cidadania e envelhecimento da população. As tendências de peso podem ser encaradas como circunstâncias que, provavelmente, apresentarão diferentes ritmos de desenvolvimento futuro. São elas: inserção competitiva, informatização da sociedade, novos atributos da educação, novas relações de trabalho, desemprego estrutural, novos setores da economia, regulamentação econômica, descentralização das dinâmicas de desenvolvimento, incorporação da zona econômica exclusiva, ratificação dos princípios da agenda 21, reordenamento territorial. As variáveis centrais, por sua vez, indicam as principais tendências de comportamento da evolução dos processos em diversas áreas cruciais. São elas: novos paradigmas das relações político-estratégicas entre os Estados, regulamentação do comércio mundial, globalização da produção, da intermediação e do consumo, difusão da informação por redes globais, investimento externo direto, volatilidade dos capitais de curto prazo, capacidade competitiva internacional do setor produtivo, ritmo de crescimento da economia/PIB/renda *per capita*, mercado interno, grau de estabilidade econômica, investimentos e gastos governamentais, investimento produtivo privado, infraestrutura econômica/matriz energética, distribuição espacial da produção, gestão ambiental e manejo dos recursos naturais, desenvolvimento científico-tecnológico, educação, qualificação para o trabalho, mercado de trabalho e emprego, infraestrutura social básica, distribuição de renda, governança e governabilidade.

No "Brasil 2020", discutem-se os principais aspectos da globalização, recorrendo-se a três hipóteses sobre o plano internacional antes da apresentação dos cenários como um todo. Mesmo tendo em conta que nenhuma das três alternativas mencionadas será usada pelo autor, por motivos previamente explicitados, valeria cotejar a versão original mais provável com a que será desenvolvida aqui. Seguem, abaixo, as duas versões.

Brasil 2020 — versão original sobre a trajetória mundial mais provável

- conclusão das negociações para o estabelecimento de uma ampla zona de livre-comércio mundial;
- consolidação da OMC como instância reguladora das relações comerciais internacionais;
- adequação das instituições de Bretton Woods para melhor gerenciar os fluxos de capitais;

- aprofundamento da internacionalização e da reestruturação produtiva;
- alteração das formas de organização do trabalho e das condições de emprego;
- criação de círculos crescentes de prosperidade;
- desenvolvimento vigoroso de alguns países em contraste com a estagnação de outros;
- permanência do contraste entre liberalização comercial, de um lado, e protecionismo, de outro.

Antes de passar ao cenário proposto pelo autor, cabe ressaltar que a trajetória mundial reproduzida concentra-se exclusivamente em fatores de cunho econômico. Isso parece refletir a primazia de uma certa visão kantiana a respeito das relações interestatais, predominante no Brasil ao longo da década de 1990. Esse, contudo, não será o foco do cenário internacional construído para este estudo. Como é óbvio, a dimensão político-estratégica terá peso significativo.

Brasil 2020 — trajetória mundial mais provável revista e atualizada pelo autor:

- permanência dos EUA como única superpotência, com papel central em todos os tabuleiros diplomáticos;
- ascensão da China ao estatuto de grande potência, sendo candidata à elevação a superpotência na segunda metade do século XXI;
- manutenção de uma estrutura social das RI baseada na lógica rivalidade/amizade;
- manutenção dos Estados nacionais como os mais importantes atores internacionais;
- permanência da ONU como principal foro para o tratamento multilateral dos temas de guerra e paz;

- permanência da possibilidade de conflitos armados interestatais, embora devam predominar os conflitos intraestatais;
- manutenção da importância do poder militar como elemento indissociável da dimensão corretiva do poder *lato sensu*, bem como de sua fungibilidade em circunstâncias específicas;
- ampliação do fosso tecnológico entre as forças armadas de países desenvolvidos e em desenvolvimento, abrindo caminho para a diminuição do custo de utilização do poder militar;
- consolidação da OMC como instância reguladora das relações comerciais internacionais;
- permanência do contraste entre liberalização comercial, de um lado, e protecionismo, de outro;
- aprofundamento da internacionalização e da reestruturação produtiva;
- alteração das formas de organização do trabalho e das condições de emprego;
- aceleração das transições entre padrões tecnológicos tanto no setor civil quanto no militar;
- desenvolvimento vigoroso de alguns países em contraste com a estagnação de outros.

Diante das modificações realizadas na trajetória futura das RI, não seria o caso de adaptar igualmente os cenários Abatiapé (positivo), Baboré (intermediário) e Caaetê (negativo)? Obviamente que, em circunstâncias ideais, a atualização do contexto internacional deveria dar lugar a uma reavaliação dos três cenários em apreço. No entanto, foge ao escopo deste livro reavaliar-lhes o conteúdo. Como o que se busca são grandes linhas tendenciais que permitam a extrapolação das feições prováveis das políticas externa e de defesa na próxima década e meia, a manutenção dos cenários desatualizados não representa obstáculo intransponível. Nesse sentido, o autor limitar-se-á a apontar, na próxima seção, o cenário mais provável à luz do conhecimento hodierno sobre a realidade doméstica e internacional. Caberia agora expor os três cenários exploratórios em questão por meio de uma breve síntese, seguida da apresentação dos seus principais indicadores no período 2009-20 e de tabela contendo seus dados quantitativos mais relevantes.

Síntese do cenário Abatiapé

Parte da hipótese de manutenção e maturação das condições de estabilidade política, econômica e social, com investimentos públicos voltados prioritariamente para a modernização da economia, possibilitando ao país elevadas taxas de crescimento e maior inserção no comércio mundial. O Estado preserva sua capacidade de governança e governabilidade e a direciona para a gestão da ordem econômica.[13]

Cenário Abatiapé entre 2009 e 2020 (principais indicadores):

- estabilidade político-estratégica;
- modernização de políticas e projetos;
- enfrentamento de estrangulamentos estruturais;
- progresso tecnológico;
- recuperação dos sistemas de infraestrutura e de educação;
- aprimoramento da governabilidade;
- descentralização político-administrativa;
- sociedade alcança maturidade participativa;
- estabilização da economia;
- significativos investimentos externos;

- recuperação e ampliação da infraestrutura econômica;
- maior abertura econômica;
- balança comercial equilibrada;
- fortalecimento das parcerias internacionais, com destaque para o Mercosul;
- destaque para o *agrobusiness* entre as atividades econômicas;
- aceleração do crescimento da economia;
- Brasil faz parte das sete maiores economias do mundo;
- estrutura produtiva diversificada;
- elevação da participação do setor terciário na economia;
- redução da capacidade de geração de empregos.

Tabela 1

	1996	2000	2005	2010	2015	2020
População (milhões)	156,7	165,0	174,8	183,6	191,0	196,9
PEA (milhões)	78,9	85,0	92,9	99,1	104,0	107,9
PIB (US$ de 1995)	749	910	1.277	1.833	2.964	3.958
PIB *per capita* (US$ de 1995)	4.780	5.518	7.305	9.985	14.105	20.100
Taxa de investimento (investimento/PIB)	17,5	19,0	21,0	24,5	25,0	25,5
Exportações (US$ de 1995)	48	70	106	159	268	462
Importações (US$ de 1995)	52	69	102	153	236	389

Síntese do cenário Baboré

(...) não se verifica o intenso ritmo de crescimento da economia observado no anterior, mas acentuam-se as melhorias no perfil médio de distribuição de renda da população. O país volta-se mais para dentro, procurando expandir e diversificar o mercado interno. Nível inflacionário maior do que a média regional e internacional. Evolução mais lenta da corrente de comércio do país com o exterior.[14]

Cenário Baboré entre 2009 e 2020 (principais indicadores):

- mudanças no padrão de governança;
- consolidação da base de sustentação governamental;
- aprofundamento das metas sociais;
- recuperação dos investimentos produtivos e da taxa de crescimento da economia;
- manutenção da estabilidade da política econômica;
- descentralização do Estado brasileiro;
- taxa de investimento privado pouco ampliada;
- competitividade em nichos específicos da economia, particularmente no setor agroindustrial;
- Mercosul consolidado como mercado comum sul-americano;
- limitadas parcerias internacionais fora da América do Sul;
- lenta mas contínua modernização tecnológica;
- moderada diversificação interna da estrutura produtiva;
- melhora significativa dos indicadores sociais e da qualidade de vida;
- distribuição de renda desconcentrada;
- nível educacional satisfatório;
- ampliação da utilização de fontes alternativas de energia, com alteração do perfil de produção e consumo desse insumo;

- políticas públicas com forte orientação para a redução de desequilíbrios sociais e regionais;
- migrações populacionais internas reduzidas;
- baixa degradação ambiental;

Tabela 2

	1996	2000	2005	2010	2015	2020
População (milhões)	156,7	165,0	174,8	183,6	191,0	196,9
PEA (milhões)	78,9	85,0	92,9	99,1	104,0	107,9
PIB (US$ de 1995)	749	876	1.118	1.497	2.050	2.944
PIB *per capita* (US$ de 1995)	4.780	5.310	6.398	8.151	10.737	14.950
Taxa de investimento (investimento/PIB)	17,5	18,5	20,0	21,0	22,0	22,0
Exportações (US$ de 1995)	48	63	88	126	186	286
Importações (US$ de 1995)	52	66	85	111	152	223

Síntese do cenário Caaetê

A primeira cena deste cenário caracteriza-se pela continuidade do processo de reformas estruturais em curso, mas a lenta e desigual maturação das iniciativas políticas cria dificuldades para a retomada dos investimentos e do crescimento da economia.[15]

Cenário Caaetê entre 2009 e 2020 (principais indicadores):
- fortes desequilíbrios comerciais e financeiros;

- reversão dos avanços logrados e agravamento das condições socioeconômicas gerais;
- baixa estabilidade econômica, com nível de inflação acima de 12% a.a.;
- poupança interna limitada;
- escassez de recursos para investimentos produtivos;
- baixa capacidade competitiva internacional;
- esgarçamento do Mercosul;
- fraco desempenho das exportações e importações;
- taxa de crescimento da economia da ordem de 3,6% a.a.;
- estrutura produtiva sem mudanças relevantes;
- estrutura do consumo de energia com poucas alterações;
- base tecnológica se moderniza de forma tímida;
- limitada produtividade do trabalho;
- renda permanece concentrada;
- mercado interno reduzido e dualista;
- déficit social volta a se ampliar;
- níveis de escolaridade e de formação profissional deficientes;
- desequilíbrios regionais permanecem elevados;
- queda pronunciada da qualidade de vida urbana.

Tabela 3

	1996	2000	2005	2010	2015	2020
População (milhões)	156,7	165,0	174,8	183,6	191,0	196,9
PEA (milhões)	78,9	85,0	92,9	99,1	104,0	107,9
PIB (US$ de 1995)	749	859	1.021	1.127	1.275	1.478

Continua

	1996	2000	2005	2010	2015	2020
PIB *per capita* (US$ de 1995)	4.780	5.209	5.840	6.139	6.678	7.508
Taxa de investimento **(investimento/ PIB)**	17,5	17,8	18,1	18,4	18,7	19,0
Exportações (US$ de 1995)	**48**	**58**	**76**	**91**	**108**	**131**
Importações (US$ de 1995)	52	65	77	85	96	111

Perspectivas para as forças armadas e a política de defesa diante dos possíveis cenários

Antes de iniciar a extrapolação das políticas externa e de defesa decorrentes dos três cenários abordados na primeira seção deste capítulo, é imprescindível estabelecer marcos de referência que permitam definir os contornos essenciais do exercício. Assim, como seria possível prever a evolução de uma política pública num contexto futuro? Quais seriam as variáveis centrais que determinariam essa evolução? Que fatores poderiam alterar os seus rumos? Esses são exemplos de perguntas que devem ser respondidas caso se pretenda explorar seriamente a configuração daquelas políticas em 2020. Na mesma linha do mencionado anteriormente no tocante aos cenários exploratórios, não se tem a pretensão de antecipar de maneira infalível o que ainda está por acontecer. No entanto, levando em consideração as linhas tendenciais embutidas nos cenários, bem como o fato de que tais políticas possuem forte conteúdo de inércia, pode-se sustentar com segurança que a extrapolação que se pretende realizar não deverá discrepar muito da "realidade" derivada de cada cenário. Para alcançar esse objetivo, faz-se necessário tratar também dos fatores de perturbação da congruência entre os cenários e as políticas aqui estudadas. Esses fatores são cruciais para que o estudo não se restrinja unicamente ao plano especulativo, permitindo que o autor faça considerações sobre a plausibilidade da **concretização do conjunto cenário/políticas derivadas à luz do quadro prevalecente em 2009.**

Prever a evolução futura de uma política pública talvez não seja tão difícil quanto possa inicialmente parecer. Amy Zegart, ao tratar de algumas das principais instituições de segurança nacional dos EUA, define três fatores determinantes para sua evolução:

- as características da estrutura original da instituição;
- os interesses e as capacidades dos principais atores políticos correntemente envolvidos nos processos de formulação e execução;
- eventos exógenos de grande impacto.

No caso brasileiro, os dois primeiros fatores militam fortemente para a persistência de um notável grau de inércia no que se refere à condução das políticas externa e de defesa. Da mesma forma, determinam a existência de *accountability* deficiente e não sistemática, sobretudo no que respeita à política de defesa. O terceiro fator, contudo, pode alterar o rumo da dinâmica suscitada pelos dois primeiros. Se, por um lado, o envolvimento do país numa guerra poderia representar evento exógeno de impacto, por outro, o próprio desenvolvimento nacional – uma "revolução passiva", nos termos de Gramsci – configuraria mudança de magnitude extremamente significativa. Logo, o desenvolvimento constitui um dos elementos críticos para que haja modificações de monta no perfil das políticas aqui estudadas. De maneira extremamente simplificada, pode-se afirmar que ele gera um círculo virtuoso multidimensional: melhores recursos humanos, mais recursos materiais, políticas públicas mais eficientes, maior supervisão da sociedade, melhor funcionamento das instituições, capacidade acrescida de planejamento de longo prazo, inserção internacional mais efetiva etc.

Diante do acima mencionado, faz-se necessário refletir sobre o que deveria ser considerado desenvolvimento, de forma a mensurar sua influência sobre as políticas externa e de defesa. Dada a impossibilidade de discutir o conceito em pormenor, parte-se do pressuposto de que um país com índice de desenvolvimento humano (IDH) acima de 0,9 ou que possua renda *per capita* acima de US$ 10 mil pode ser considerado desenvolvido. Caso o Brasil atingisse a condição de Estado desenvolvido, transformar-se-ia necessariamente numa grande potência em vista de sua dimensão, recursos naturais e tamanho da população. Nessa circunstância, o país seria forçado a interagir de modo mais intenso com o sistema internacional. Essa interação acrescida envolveria certamente as questões de segurança global, fato que implicaria rediscutir aspectos salientes das políticas objeto de atenção neste estudo. Ocorre que o desenvolvimento não possui caráter necessariamente linear, o que faz com que seja preciso estabelecer um parâmetro para determinar a sua influência relativa em cada cenário. Logo, parte-se da hipótese de que quanto mais alto o IDH e/ou a renda *per capita* brasileiros, maiores serão as pressões internas e externas para que o país participe de forma atuante na construção da ordem internacional de segurança. Essa hipótese será tanto mais válida quanto mais homogêneo for o desenvolvimento, uma vez que a permanência de grandes disparidades domésticas pode se converter em fator perturbador da relação suposta entre este último e a inserção brasileira no sistema global de segurança.

Nesse sentido, é factível definir quatro tipos básicos de "fatores perturbadores": burocráticos, sociais, econômicos e políticos. O primeiro tipo decorre dos clássicos problemas agente/mandante, em que a inércia e/ou os interesses da burocracia colocam-se em contraposição às diretivas emanadas dos decisores eleitos. O segundo tem a ver com a percepção social de ameaças – que pode ser de molde a não securitizar os sinais originários do plano externo ou a securitizar aqueles provenientes do plano interno – e com a consolidação de uma visão isolacionista das RI brasileiras – que eventualmente viria a se expressar por meio da minimização da importância do poder militar para a inserção internacional do país. O terceiro relaciona-se com a permanência de grandes disparidades de renda ou carências de infraestrutura, que representariam um óbice ao investimento intensivo de recursos na política de defesa. O quarto está ligado a uma opção, consciente ou não, pela dependência externa no provimento de segurança internacional, o que ocorreria por meio da transformação das forças armadas brasileiras em *gendarmeries*. Todas essas quatro categorias de fatores podem ocorrer simultânea ou alternadamente, havendo entre eles áreas de *overlapping*. Da mesma forma, a dinâmica do desenvolvimento possui incidência sobre a sua totalidade, embora com impactos diferenciados. Não obstante, parece impossível antecipar sua evolução de maneira precisa. Logo, optou-se por modelar cada cenário futuro das políticas externa e de defesa, bem como de sua articulação, supondo os impactos do desenvolvimento e a tendência inercial derivada da análise da configuração dessas políticas no presente (2009).

Se as inferências anteriormente aludidas estiverem corretas, pode-se supor que, na ausência de choques exógenos, as políticas externa e de defesa manterão, em 2020, muitos de seus traços atuais. No entanto, os cenários Abatiapé (positivo) e Baboré (intermediário) implicam alterações em relação ao *status quo* atual. Assim, antes de passar à leitura dos cenários propriamente ditos, do ponto de vista das duas políticas aqui estudadas, seria conveniente sintetizar os elementos fulcrais de cada uma delas tal qual se apresentam hoje. Isso permitirá ao autor fazer uma suposição "educada" sobre o grau de plausibilidade de cada cenário, partindo da realidade tal qual percebida no momento atual.

Política externa em 2009:

- mantém inalterada a busca de insumos para o desenvolvimento;
- grande ênfase conferida ao processo de integração regional;
- ênfase atribuída à rodada de negociações comerciais no âmbito da OMC;
- busca de ampliação de relações comerciais com mercados não tradicionais;
- prioridade para a conquista de um assento permanente no Conselho de Segurança das Nações Unidas (CSNU);
- prioridade atribuída às parcerias com grandes Estados da periferia;
- ampliação da participação brasileira em *peacekeeping operations*;
- cobrança dos compromissos das grandes potências em relação aos regimes internacionais de não proliferação (por exemplo, TNP), mas sem ruptura com esses regimes.

Política de defesa em 2009:

- manutenção do baixo perfil militar do país;
- incapacidade do MD de exercer coordenação efetiva sobre as forças singulares e seus orçamentos;
- políticas setoriais naval, terrestre e aérea com baixo grau de articulação sistêmica;
- virtual falência financeira das forças armadas;
- avançado grau de obsolescência do material de emprego militar;
- baixa disponibilidade das plataformas de combate;
- nível geral de adestramento das forças abaixo do mínimo necessário.

Deve-se, neste momento, avaliar o perfil provável das políticas em tela em cada um dos cenários exploratórios abordados na seção anterior.

Cenário Abatiapé

Nesse cenário, o Brasil apresenta-se claramente como um país desenvolvido, embora a questão do emprego e do subemprego permaneça problemática. O perfil econômico, político, social e institucional brasileiro encontra-se em franco aprimoramento. O país transforma-se numa grande potência e assume responsabilidades internacionais crescentes. Nesse contexto, muda a feição tradicional das políticas externa e de defesa brasileiras. No caso da primeira, a identidade com as posições dos grandes Estados da periferia vai paulatinamente se enfraquecendo. A mudança estrutural da inserção internacional do Brasil determina que suas posições sejam cada vez mais conservadoras. Embora a solidariedade com as nações mais pobres permaneça como valor importante, o interesse nacional não mais se identifica com a contestação do *status quo*. O Brasil transforma-se no líder natural da América do Sul e passa a ter responsabilidades crescentes em relação aos seus vizinhos. O processo de integração regional aprofunda-se sob a liderança do país, que possui recursos humanos e materiais para impulsionar o seu desenvolvimento. As relações com a superpotência tornam-se mais intensas e potencialmente conflituosas no que se refere à presença norte-americana no subcontinente. Intensificam-se, também, as relações com os países desenvolvidos e com os grandes Estados da periferia, assim como com os países em desenvolvimento onde haja interesses econômicos e/ou políticos brasileiros. A pauta de exportações brasileira diversifica-se. A participação nacional em missões de paz da ONU aumenta. O Brasil conquista uma cadeira no CSNU ou, ao menos, obtém a anuência generalizada dos países latino-americanos à sua candidatura.

No que se refere à política de defesa, assiste-se ao fortalecimento do MD e de sua capacidade de coordenar as forças singulares. Os orçamentos militares aumentam paulatinamente, assim como melhora o perfil dos gastos. As forças armadas brasileiras adquirem sistemas de armas modernos, mantendo, contudo, o seu contingente de pessoal atual. Aumenta significativamente a produção de material bélico nacional ou nacionalizado, formando-se um relevante parque de pesquisa e produção militar (privado/estatal). Concomitantemente, diminui a dependência externa de fornecimento de material bélico. Marinha, Exército e Aeronáutica transformam-se em forças atualizadas com múltiplas capacidades. Cria-se uma verdadeira capacidade de dissuasão convencional. Nessa mesma linha, conta-se com tropas especializadas em missões de paz dos mais diversos tipos. As forças singulares passam a ter real capacidade de projeção de poder além-fronteiras. Intensifica-se o intercâmbio com as forças armadas da América do Sul. A presença militar norte-americana no subcontinente gera crescente irritação. O Brasil ensaia as primeiras iniciativas no sentido de concorrer com a ajuda militar prestada pelos Estados Unidos a países vizinhos. Discute-se a criação de um órgão plurilateral que catalise a identidade de defesa sul-americana que começa a se formar.

Plausibilidade do cenário Abatiapé

A plausibilidade desse cenário, à luz do conhecimento sobre a realidade atual, é sensivelmente baixa. Para que ele se concretizasse, o Brasil teria que crescer a taxas extremamente elevadas (acima de 10% ao ano) de forma ininterrupta. Teria, igualmente, que promover uma verdadeira revolução institucional em menos de uma década e meia. Não parecem estar dadas as condições para que isso aconteça. As políticas externa e de defesa retratadas nesse cenário são, portanto, francamente irrealistas.

Cenário Baboré

Nesse cenário, os progressos alcançados pelo Brasil são menos expressivos que os registrados no anterior. O país alcança a renda *per capita* encontrada nos países desenvolvidos, mas persistem disparidades sociais importantes. Há avanços graduais em vários setores que modificam a inserção internacional brasileira. A despeito disso, a política externa não rompe definitivamente com os posicionamentos adotados quando o Brasil era apenas potência regional – mesmo que o país possa ser classificado, em 2020, como uma grande potência "desigual". Assim, a política externa não mais permanece identificada com as causas tradicionais dos Estados periféricos, embora em determinados setores isso ainda ocorra. A solidariedade com os países mais pobres permanece como uma faceta da identidade internacional do Brasil. O aumento da projeção econômica do Brasil permite que se confira impulso ao processo de integração sul-americano. O maior comprometimento de recursos com esse processo, por parte do país, possibilita o estabelecimento de uma evolução menos errática que a atual. A liderança nacional no âmbito do subcontinente é clara, mas ainda gera resistências pontuais. As relações do país com os EUA permanecem marcadas por grande assimetria em favor do segundo, com eventual eclosão de *issues* relacionados a divergências nos planos político e econômico. A política externa busca reforçar os vínculos com os grandes Estados da periferia e com parceiros regionais relevantes. A pauta de exportações brasileira diversifica-se, mas continua apoiada em *commodities* industriais e agrícolas. A participação em missões de paz da ONU aumenta moderadamente. O Brasil continua reivindicando um assento permanente no CSNU, mas sem contar com os recursos materiais (militares, sobretudo) ou com o apoio regional necessários para que esse pleito tenha grandes chances de sucesso.

A implementação da política de defesa continua condicionada pela reduzida capacidade de o MD exercer coordenação efetiva sobre as forças singulares. O orçamento militar aumenta em termos reais, e há uma ligeira melhora no perfil dos gastos do setor. Os recursos disponíveis, contudo, são insuficientes para que haja um processo de modernização abrangente das forças armadas. Marinha, Exército e Aeronáutica adquirem alguns sistemas de armas modernos, mantendo grande número de sistemas obsoletos. O contingente permanece constante, assim como o peso desproporcional dos gastos com pessoal ativo e inativo – embora um pouco suavizados. A indústria de material bélico nacional consegue manter-se viva, conquistando alguns contratos relevantes com as forças singulares. A agregação de tecnologia dá-se fundamentalmente por meio da produção sob licença ou por meio de *off-sets*. O país continua importando a maior parte de seu armamento. As forças armadas possuem capacidades limitadas, não tendo condições de garantir dissuasão convencional eficaz. É criada uma brigada especializada em operações de paz, passível de atuar em situações que não envolvam *peace-enforcement*. A capacidade de projeção de poder militar além-fronteiras é reduzida e possui credibilidade inferior ao que seria ideal. O intercâmbio com as forças armadas da América do Sul aumenta moderadamente. A presença militar norte-americana no subcontinente gera preocupação, mas o Brasil não tem condições de concorrer com a ajuda militar prestada pelos Estados Unidos a países vizinhos. A criação de um órgão plurilateral que catalise a identidade de defesa sul-americana é rechaçada pelo país.

Plausibilidade do cenário Baboré

A plausibilidade desse cenário situa-se entre baixa e média. Mesmo que as condições políticas, econômicas e sociais se alinhem no sentido de corroborar suas proposições primordiais, algo que não é de per si evidente, restaria o desafio de aprimorar as instituições responsáveis pela formulação e implementação da política de defesa. A deterioração do quadro de governança nesse setor, em especial a falência financeira do aparato de defesa e a incapacidade de coordenação do MD, faz com que seja difícil a concretização da política de defesa decorrente desse cenário. Este, porém, é bastante menos irrealista que o exercício prospectivo anterior.

Cenário Caaetê

Nesse cenário apresentam-se de maneira evidente as dificuldades enfrentadas pelo país para se livrar do pesado fardo do atraso. Assim, o Brasil não é capaz de escapar das dinâmicas perversas em que se encontra mergulhado. O déficit social é apenas marginalmente amenizado; a concentração de renda permanece muito elevada; o nível médio da educação continua insuficiente; a renda *per capita* não ultrapassa os US$ 8 mil; a urbanização acoplada à falta de investimentos públicos em infraestrutura acentua os problemas registrados nas cidades; a inovação tecnológica é baixa, e a pauta de exportações, concentrada e pouco dinâmica. Em síntese, há um agravamento das condições socioeconômicas. A política externa, nessas condições, tem limitada capacidade de inovação. O país continua a ser uma potência regional socialmente desigual e permanece identificado com as causas tradicionais dos Estados periféricos. A solidariedade com os países mais pobres mantém-se como uma faceta da identidade internacional do Brasil. O pequeno aumento da projeção econômica brasileira não permite que se confira impulso decisivo à integração sul-americana, o que faz com que sua evolução seja errática. A liderança nacional no âmbito do subcontinente continua, mas sofre resistências devido à incapacidade do país de arcar com seus custos. As relações com os EUA permanecem marcadas por grande assimetria e por divergências nos planos político e econômico. A política externa busca reforçar os vínculos com os grandes Estados da periferia e com parceiros regionais relevantes, mas não conta com recursos materiais para dar consequência a essas parcerias. A pauta de exportações brasileira se diversifica pouco. A participação em missões de paz da ONU é esporádica. O Brasil continua reivindicando um assento permanente no CSNU, mas não conta com os meios materiais nem com o apoio regional necessários.

A política de defesa espelha as contradições retratadas antes. O MD não possui controle e tampouco exerce coordenação sobre as forças singulares. O orçamento militar permanece estagnado em níveis insuficientes e há uma piora no perfil dos gastos do setor. Não há recursos orçamentários para promover um processo de modernização, ainda que limitado, das forças armadas. Marinha, Exército e Aeronáutica adquirem alguns sistemas de armas usados e obsoletos. Esporadicamente, o governo autoriza a contratação de empréstimos externos para a aquisição pontual de armamento. O contingente permanece constante, mas o peso desproporcional dos gastos com pessoal ativo e inativo consome a totalidade dos recursos disponíveis. Nessa circunstância, a diminuição dos efetivos passa a ser a única alternativa de obtenção de recursos para custeio – uma vez que o investimento com base no orçamento está *a priori* descartado. A indústria nacional de material bélico definha. A agregação de tecnologia dá-se de maneira assistemática por meio de *off-sets* condicionados a eventuais contratos com fornecedores estrangeiros. O país continua importando a quase totalidade de seu armamento. As forças armadas possuem capacidades extremamente limitadas, não dispondo de condições de garantir dissuasão convencional. Cria-se um batalhão especializado em operações de paz para atuar em situações de baixo risco. A capacidade de projeção de poder militar além-fronteiras é próxima de zero e não tem nenhuma credibilidade. O intercâmbio com as forças armadas da América do Sul permanece estacionado em nível superficial. A presença militar norte-americana no subcontinente gera preocupação, mas o Brasil nada pode fazer a respeito que exceda o plano estritamente diplomático. A incapacidade brasileira de prover a própria defesa de maneira adequada torna impensável a criação de um órgão plurilateral que catalise uma hipotética identidade de defesa sul-americana.

Plausibilidade do cenário Caaetê

A plausibilidade desse cenário situa-se entre média e alta. As dificuldades de levar à frente o processo de reforma do Estado brasileiro, a permanência de seríssimas distorções institucionais, o baixo dinamismo da economia, os gargalos de infraestrutura, o esgarçamento do tecido social nas grandes cidades, a contaminação estatal pelo crime organizado, a apatia e a colonização da sociedade civil por interesses corporativos, entre outros fatores, militam para que haja grande probabilidade de que o cenário mais negativo venha a se concretizar. Pode-se dizer, portanto, que ele é bastante realista.

Política externa e política de defesa brasileiras — visões alternativas

Nesta seção pretende-se realizar três tarefas inter-relacionadas. A primeira é de cunho essencialmente normativo e prende-se à necessidade de definir o que seria a melhor articulação possível entre as políticas externa e de defesa brasileiras. Essa definição permitirá que se coteje suas características com aquelas decorrentes da articulação entre ambas as políticas em cada um dos cenários exploratórios. A caracterização destas últimas, em função do contexto específico dos cenários, constitui a segunda tarefa a ser realizada. Por fim, a terceira tem a ver com a explicitação da melhor estratégia de política externa, em cada um dos três cenários, que permita alcançar a maior convergência possível com o cenário normativo. A ênfase na política externa ocorre por motivos óbvios: ela é o foco primário de interesse deste livro, além do fato de que a política de defesa não se encontra sob controle do Itamaraty. Isso não quer dizer, contudo, que esta última não seja importante. Ao contrário, todo este estudo tenta justamente demonstrar como o poder militar, que se expressa por meio da política de defesa, constitui um elemento imprescindível para a condução da política externa de um Estado periférico como o Brasil. A dissecação da importância daquela para esta será objeto de análise detalhada na conclusão.

A definição de um cenário normativo para a articulação entre as políticas externa e de defesa tem, necessariamente, que ser precedida de digressão sobre o que constituiria o seu valor fundamental. Em política externa, assim como em diversos outros domínios da ação humana, a dimensão axiológica impõe ao *policy-maker* a escolha entre alternativas muitas vezes excludentes. Nesse sentido, deve-se refletir sobre os objetivos primordiais da política externa brasileira – consagrados na Carta Magna de 1988 e no perfil tradicional de atuação do MRE. Para encurtar uma longa discussão, parece não restar dúvidas de que a busca de insumos para o desenvolvimento condicionou a política internacional do país desde a conclusão do monumental trabalho de consolidação das fronteiras levado a cabo pelo barão do Rio Branco. Pode-se presumir, com segurança, que essa constante deverá permanecer até que o Brasil se transforme em uma nação plenamente desenvolvida. Há, contudo, que se definir os pressupostos desse processo. Ao contrário do que possa parecer, não existem caminhos unívocos para o atingimento daquele grande anseio nacional. Nesse sentido, que valor deve ser priorizado de modo que se logre alcançar o tão almejado desenvolvimento? Alguns elementos surgem de imediato à mente: autonomia, soberania, inserção competitiva na economia global, solidariedade, solução pacífica das controvérsias, respeito ao direito internacional, entre outros. Ocorre que, em determinadas circunstâncias, é razoável esperar que haja conflitos entre esses valores. Assim, como conciliar, ao mesmo tempo, a autonomia, a soberania e a inserção competitiva na economia mundial no âmbito de um processo de integração regional como o do Mercosul? Essa não é uma questão trivial, e a resposta a ela dependerá de uma interpretação particular sobre o que o país tem a perder e a ganhar. Em suma, a resposta somente poderá ser dada a partir de um arcabouço normativo.

Se as considerações anteriormente mencionadas estiverem corretas, torna-se forçoso hierarquizar os valores esposados pelo autor como sendo os mais adequados à formulação da política externa de um país periférico em busca do desenvolvimento como o Brasil. Portanto, acredita-se que o desenvolvimento econômico estará tanto mais próximo quanto maiores forem a autonomia e a soberania nacionais. Isso absolutamente não significa que se pretenda reforçar a complexidade e a produtividade da economia brasileira por meio da autarquia. No entanto, o que se quer dizer é que a meta de transformar o país num Estado desenvolvido não será atingida se não for possível aumentar as atuais margens de autonomia e soberania nos campos econômico e político. Como dois aspectos inter-relacionados da dimensão corretiva do poder, a potência econômica e a potência político-militar reforçam-se mutuamente. Certo é que pode haver *décalage* entre as duas, ou seja, uma pode ser mais saliente que a outra em determinado contexto. Contudo, não se deve perder de vista que o poder militar é dominante em última instância. Essa singularidade da força armada faz com que qualquer tese de extração liberal sobre sua inutilidade esteja viciada *ab ovo*.

No caso de uma potência regional periférica como o Brasil, em que prevalecem sérias disparidades sociais, o aumento das margens de *autonomia* e de *soberania* não poderá estar centrado apenas no incremento do poder militar. Este, porém, é imprescindível para que o desenvolvimento nacional possa seguir seu curso sem interferências externas cerceadoras. Da mesma forma, ele é crucial para ampliar as possibilidades de atuação internacional brasileira. A inexistência de incompatibilidades fundamentais entre os valores esposados pela população local e a da superpotência – único Estado com reais capacidades de coagir o Brasil militarmente – faz com que não haja demanda imediata no sentido da construção de um aparato dissuasório capaz de impedir uma eventual tentativa de coerção norte-americana. A despeito disso, a posse de uma limitada mas crível força de dissuasão convencional já seria suficiente para dar conta das principais necessidades de defesa do país na próxima década e meia. Uma capacidade de dissuasão com esses contornos poderia não só tornar mais custosa qualquer ação militar contra interesses brasileiros, mas também contribuir para o esforço de desenvolvimento econômico propriamente dito.

Tendo em consideração a importância desses dois valores para o desenvolvimento, o autor sustenta que todos os demais devem estar, em princípio, subordinados a eles. Logo, uma das facetas mais relevantes da articulação entre as políticas externa e de defesa tem a ver com a própria admissão de que a primeira precisa contar com a segunda! Essa suposição não é tão óbvia assim no caso brasileiro, em que prevalecem um enorme desconhecimento sobre temas militares e uma perspectiva ingênua quanto à instrumentalidade da força armada. Estabelecido esse princípio básico, a articulação ideal, anteriormente denominada "integração", deveria obedecer a alguns parâmetros:

- existência de mecanismos formais e informais de diálogo entre as burocracias envolvidas na formulação e na implementação das duas políticas aqui estudadas;
- os mecanismos existentes devem ser fluidos e consequentes;
- o diálogo institucional proporcionado por esses mecanismos deve ser plenamente congruente com as diretivas emanadas do presidente da República – comandante-em-chefe das forças armadas e responsável último pela política externa –, da Constituição Federal e da PDN;
- a implementação das duas políticas deve ter por base não somente objetivos de curto, mas também de médio e longo prazo – derivados de amplo consenso político sobre a "grande estratégia" nacional;
- a implementação das políticas deve ser a mais congruente possível, de modo que uma não venha a minar a outra.

A partir dos parâmetros referidos, faz-se necessário relacionar alguns aspectos da articulação ideal, cujo objetivo primordial seria a ampliação máxima da autonomia e da soberania nacionais. No bojo desse processo, o progresso econômico seria maximizado ou, no mínimo, não sofreria limitações exógenas causadas por fatores político-estratégicos. Uma integração perfeita entre as políticas externa e de defesa atacaria de maneira eficiente, em duas frentes, a neutralização de pressões e de ameaças militares provenientes do sistema internacional, por um lado, e a ampliação das opções de política externa, por outro. São inúmeras as maneiras como essa ação bifronte poderia se materializar. No entanto, as suas feições estarão condicionadas pelo espectro de possibilidades fornecido por cada um dos três cenários prospectivos. Em todos eles haverá um limite lógico para o que pode ser alcançado pela articulação. Logo, deve-se voltar a insistir em que existe uma relação dialética entre a construção social da realidade e a realidade propriamente dita. Nesse sentido, por mais que se creia no contrário, as duas políticas analisadas jamais lograrão ultrapassar determinadas limitações impostas pelo contexto em que estão inseridas.

Diante do exposto, vale explorar o que os cenários oferecem em termos da relação entre a política externa (PE) e a política de defesa (PD). De modo a tornar esse exercício mais intuitivo, cada um deles será apresentado separadamente por meio de tópicos.

Cenário Abatiapé — articulação entre PE e PD:

- existência de mecanismos formais e informais de diálogo entre as burocracias envolvidas na formulação e na implementação das duas políticas;
- os mecanismos existentes são relativamente fluidos e consequentes;
- o diálogo institucional é bastante congruente com as diretivas emanadas do presidente da República, da Constituição Federal e da PDN;
- chega-se a consenso abrangente sobre uma grande estratégia nacional que parametriza a implementação da PE e da PD no médio e longo prazos;
- a implementação dessas políticas é relativamente congruente;
- constrói-se capacidade dissuasória com credibilidade suficiente para impedir tentativas de coação militar;
- a PE utiliza com frequência os instrumentos proporcionados pela PD;
- a PD amplia a capacidade de barganha da PE.

Cenário Baboré — articulação entre PE e PD:

- existência de mecanismos formais e informais de diálogo entre as burocracias envolvidas na formulação e na implementação das duas políticas;
- os mecanismos existentes são relativamente fluidos e consequentes;
- o diálogo institucional é relativamente congruente com as diretivas emanadas do presidente da República, da Constituição Federal e da PDN;
- não se chega a consenso abrangente sobre uma grande estratégia nacional que parametrize a implementação da PE e da PD no médio e longo prazos, mas algumas diretrizes são objeto de acordo;
- a implementação dessas políticas é relativamente congruente;
- constrói-se capacidade dissuasória limitada mas suficiente para dificultar tentativas de coação militar;
- a PE utiliza os instrumentos proporcionados pela PD;
- a PD amplia apenas moderadamente a capacidade de barganha da PE.

Cenário Caaetê — articulação entre PE e PD:

- existência de mecanismos formais e informais de diálogo entre as burocracias envolvidas na formulação e na implementação das duas políticas;
- os mecanismos existentes são relativamente fluidos, porém pouco consequentes;
- o diálogo institucional é relativamente congruente com as diretivas emanadas do presidente da República, da Constituição Federal e da PDN;

- não se chega a consenso sobre uma grande estratégia nacional que parametrize a implementação da PE e da PD no médio e longo prazos;
- a implementação dessas políticas não é necessariamente congruente;
- não se constrói capacidade dissuasória suficiente para dificultar tentativas de coação militar;
- a PE utiliza de maneira muito limitada e esporádica os parcos instrumentos proporcionados pela PD;
- a PD não amplia a capacidade de barganha da PE, antes limita-a.

Tendo em conta as características da articulação entre as políticas externa e de defesa antes mencionadas, cabe agora determinar qual a melhor estratégia possível para se alcançar o cenário normativo – ou, ao menos, para dele se aproximar. Logicamente, quanto mais positivo o cenário, maiores as chances de aproximação da circunstância ideal. Seguem, abaixo, as estratégias que, na opinião do autor, proporcionariam resultados satisfatórios dentro das limitações inerentes a cada cenário. Naturalmente, não será factível tratá-las em detalhe, uma vez que a meta essencial da extrapolação é traçar os seus contornos genéricos – de modo a servirem de baliza para a reflexão sobre a implementação da política externa brasileira em sua vertente de segurança internacional.

Cenário Abatiapé — melhor estratégia de articulação possível

O Brasil torna-se um país desenvolvido e, devido a sua dimensão, uma grande potência. A articulação entre as políticas externas e de defesa não é perfeita, mas alcança patamares bastante mais elevados que os registrados no presente. Para que se atinja o cenário normativo, no entanto, é preciso aprimorar ainda mais a sintonia entre essas duas políticas. Trata-se de implementar uma estratégia estruturada de participação brasileira em operações de manutenção e imposição da paz patrocinadas pela ONU – prevendo, inclusive, a associação de países do entorno regional, em especial do Mercosul. No caso de participação regional, a força que se constituir deverá ser liderada pelo Brasil, podendo haver, inclusive, apoio nacional à participação de forças armadas menos dotadas de recursos. Na mesma linha, faz-se imprescindível coordenar procedimentos para operações militares de contingência visando à preservação do patrimônio nacional, à defesa de interesses brasileiros e à proteção de nacionais em áreas de fronteira e/ou em países vizinhos. O aparato dissuasório deve estar estruturado de maneira que indique as intenções de defesa não ofensiva do país. Mas deve possuir alta flexibilidade e capacidade de projeção rápida de poder em qualquer ponto da América do Sul e do Atlântico Sul. Deve haver, portanto, uma exemplar coordenação entre o plano declaratório da política externa e as ações concretas da política de defesa no sentido de sinalizar de maneira precisa as intenções do país – evitando fomentar desconfianças nos países lindeiros, ao mesmo tempo que se realça a firmeza de propósitos no que concerne à preservação dos interesses nacionais brasileiros. A despeito de todos os cuidados adotados pelas duas políticas em tela para que não se crie um ambiente regional refratário à liderança do Brasil, deve haver planos conjuntos pré-estruturados para a aplicação do poder militar – de maneira direta, quando estritamente necessário, e indireta, sempre que possível – como mecanismo de ampliação do poder de barganha nacional no subcontinente. Esses planos visariam a reforçar a influência do país no contexto regional, ainda que a própria densidade de poder brasileira deva garantir uma notável margem de barganha no âmbito da América do Sul. Nesse cenário, as políticas externa e de defesa deverão assumir papel de vulto na proteção e no avanço dos interesses brasileiros no Atlântico Sul e na costa da África ocidental – projeção natural do Brasil como grande potência.

Cenário Baboré — melhor estratégia de articulação possível

O Brasil torna-se uma grande potência. Porém, o desenvolvimento não se processa de forma homogênea, e persistem importantes bolsões de desigualdade social. Nesse contexto, a articulação entre as políticas externas e de defesa está longe de ser perfeita. Alcança, contudo, patamares mais elevados que os registrados no presente. Para que se atinja o cenário normativo, é preciso aprimorar significativamente a sintonia entre essas duas políticas. Trata-se de implementar uma estratégia estruturada de incremento da participação brasileira em operações de manutenção da paz patrocinadas pela ONU – prevendo, inclusive, a associação de países do entorno regional, em especial do Mercosul. No caso de participação regional, a força que se constituir deverá ser preferencialmente liderada pelo Brasil. Na mesma linha, faz-se imprescindível coordenar procedimentos para operações militares de contingência visando à preservação do patrimônio nacional, à defesa de interesses brasileiros e à proteção de nacionais em áreas de fronteira e/ou em países vizinhos. O aparato dissuasório deve estar estruturado de maneira que indique as intenções de defesa não ofensiva do país. Deve ser bastante aprimorado, de maneira que possua alta flexibilidade e capacidade de projeção rápida de poder em qualquer ponto da América do Sul e do Atlântico Sul. Deve haver, portanto, uma exemplar coordenação entre o plano declaratório da política externa e as ações concretas da política de defesa no sentido de sinalizar de maneira precisa as intenções do país – evitando fomentar desconfianças nos países lindeiros, ao mesmo tempo que se realça a firmeza de propósitos no que concerne à preservação dos interesses nacionais brasileiros derivada daquele aprimoramento. A despeito de todos os cuidados necessários adotados pelas duas políticas em tela para que não se crie um ambiente regional refratário à liderança do Brasil, deve haver planos conjuntos pré-estruturados para a aplicação do poder militar como mecanismo de ampliação do poder de barganha nacional no subcontinente. Esses planos deverão ser utilizados esporadicamente para deixar clara a vontade brasileira de sustentar sua condição de líder regional – uma vez que a densidade de poder brasileira não será capaz de garantir sempre a manutenção de margem de barganha favorável na América do Sul.

Cenário Caaetê — melhor estratégia de articulação possível

O Brasil continua sendo uma potência regional, persistindo bolsões de desigualdade social gritantes. Nesse contexto, a articulação entre as políticas externas e de defesa é deficiente. Alcançam-se modestos avanços em relação ao *status quo* atual. O cenário normativo não pode ser atingido, mas ainda assim é factível aprimorar a sintonia entre essas duas políticas. Trata-se de estruturar a eventual participação brasileira em operações de manutenção da paz patrocinadas pela ONU – prevendo, inclusive, a associação de países do entorno regional, em especial do Mercosul. No caso de participação regional, a força que se constituir poderá ser liderada pelo Brasil. Na mesma linha, faz-se imprescindível coordenar procedimentos para operações militares de contingência visando à preservação do patrimônio nacional, à defesa de interesses brasileiros e à proteção de nacionais em áreas de fronteira e/ou em países vizinhos – o que deve ser precedido de um reforço da capacidade de projeção de poder das forças armadas. A quase inexistente capacidade dissuasória deve ser incrementada na medida do possível, indicando, contudo, as intenções de defesa não ofensiva do país. As forças armadas devem ser aprimoradas, de maneira que possuam razoável flexibilidade e capacidade de projeção de poder, ainda que limitada, em pontos prioritários da América do Sul e do Atlântico Sul. Deve haver, portanto, uma exemplar coordenação entre o plano declaratório da política externa e as ações concretas da política de defesa no sentido de sinalizar de maneira precisa as intenções do país – evitando fomentar desconfianças nos países lindeiros, ao mesmo tempo que se realça a firmeza de propósitos no que concerne à preservação dos interesses nacionais brasileiros derivada daquele aprimoramento. A despeito de todos os cuidados necessários adotados pelas duas políticas em tela para que não se crie um ambiente regional refratário à liderança do Brasil, deve haver planos conjuntos pré-estruturados para a aplicação do poder militar como mecanismo de ampliação do poder de barganha nacional no subcontinente. Esses planos poderão ser postos em prática em situações que assim o indiquem, como forma de deixar clara a vontade brasileira de sustentar sua condição de potência regional – uma vez que a densidade de poder brasileira muitas vezes não será capaz de garantir a manutenção de margem de barganha favorável na América do Sul.

Conclusão

Afinal, o poder militar importa no caso do Brasil?

Nesta seção, tenciona-se responder à pergunta que lhe serve de título. Para tanto, faz-se necessário recapitular e organizar os conceitos abordados ao longo dos capítulos anteriores, além de explicitar a perspectiva do autor sobre eventuais ações a serem empreendidas pelo MRE no sentido de contribuir para o aprimoramento da interface entre as políticas externa e de defesa. Assim, pretende-se desenvolver argumento com a seguinte ordem e configuração básicas:

- breve síntese dos conceitos essenciais desenvolvidos;
- exposição do espectro de utilização direta e indireta do poder militar;
- relação dos principais objetivos que o poder militar isoladamente não é capaz de atingir;
- relação dos principais objetivos de política externa para os quais o poder militar pode contribuir no caso brasileiro;

- exposição de sugestões que poderiam contribuir para o aprimoramento da articulação entre as políticas externa e de defesa, visando a construção do melhor cenário futuro possível;
- considerações finais.

Em vista do que precede, deve-se sintetizar os construtos desenvolvidos até aqui, procurando, ao mesmo tempo, realçar seus elos. No capítulo introdutório, buscou-se avançar na definição de conceitos centrais para o desenvolvimento do presente estudo. Assim, apresentou-se reflexão sobre o significado de poder, em geral, e de poder militar, em particular. No âmbito dessa apresentação, tentou-se demonstrar que o segundo é parte inextricável do primeiro, sendo irrealista a crença liberal de que haveria condições de deslocar a força armada de seu lugar central no relacionamento entre grupos humanos. Por sua própria natureza, ela domina as demais formas de poder. Seus custos de utilização elevados, contudo, tornam-na mais útil quando empregada de maneira indireta. Os usos não violentos do poder militar, em especial, constituem um ativo importante para a condução da política externa. Como se procurou realçar, esses usos serão tanto mais abrangentes quanto maior for a fungibilidade da força armada. Ao contrário do que sustenta certo kantianismo ingênuo, esta manteve sua capacidade de influência sobre assuntos não estritamente relacionados ao plano militar mesmo depois do fim da Guerra Fria. Nesse sentido, salientou-se que a fungibilidade do poder militar está baseada no fato de que este, juntamente com o poder econômico, faz parte da dimensão corretiva do poder *lato sensu*. Portanto, mesmo que a economia seja mais saliente em determinados momentos históricos que os temas político-estratégicos, a essência dessas duas expressões de poder permanece semelhante e interdependente.

No segundo capítulo, explicitou-se a opção teórico-metodológica do autor, calcada no trabalho de Barry Buzan, que amplia e modifica o construtivismo de Alexander Wendt. Assim, o primeiro logrou conceber uma chave interpretativa das relações interestatais que congrega suas estruturas social (identidade) e material (polaridade). Essa chave foi então escolhida como moldura interpretativa da realidade internacional contemporânea.

Os conceitos explorados anteriormente foram instrumentais para que se lograsse realizar um mapeamento genérico das RI no presente, atribuindo-se prioridade à temática de segurança. Utilizou-se o modelo de Buzan para sustentar que o mundo deverá manter-se organizado, no médio prazo, em torno de uma estrutura de polaridade do tipo $1 + X$, em que os Estados Unidos continuarão a ser o ator primordial. A conflitividade sistêmica, nessa linha, dependerá da maior ou menor perturbação da estrutura social hoje existente, baseada numa lógica de rivalidade/amizade. Ela poderá ser futuramente afetada, contudo, por fenômenos, tais quais a diminuição do custo de utilização do poder militar derivado do crescente abismo tecnológico entre países ricos e pobres; a necessidade de acesso a fontes de energia localizadas no hemisfério sul; a necessidade de acesso a fontes de suprimento de matérias-primas ou alimentos num contexto de degradação ambiental generalizada etc. Ao se destacarem algumas das tendências mais importantes do sistema internacional, tornou-se possível delimitar o contexto em que está inserido o CSR da América do Sul. A caracterização deste último, por sua vez, mostrou-se essencial para que se pudesse abordar o papel desempenhado pelo Brasil na sua conformação. Procurou-se salientar a reduzida importância do subcontinente para a determinação das relações de segurança internacionais. Da mesma forma, mencionou-se que o baixo índice de ocorrência de guerras interestatais não significa que os países sul-americanos sejam particularmente pacíficos em suas interações.

Tendo esses fatos em mente, a postura brasileira no âmbito do CSR foi apresentada como a de um estabilizador estratégico – interessado na manutenção do *status quo* como forma de direcionar todo o seu capital diplomático para a busca do desenvolvimento. Não se sentindo ameaçado por seus vizinhos, e dotado de um aparato de defesa bastante modesto, a política externa do Brasil ao longo de quase todo o século XX visou garantir um entorno regional pacífico. Como se procurou demonstrar, o não confrontacionismo nacional não se encontra baseado apenas numa estrutura de ideias de extração kantiana. Para ele contribui fortemente a estrutura material expressa na crônica fragilidade militar do país. Logo, o pacifismo e o jurisdicismo característicos da política externa conduzida pelo Itamaraty estariam fundados, ao mesmo tempo, numa identidade conciliatória e numa concepção realista a respeito da incapacidade de projeção internacional do poder militar brasileiro. Essa constatação serviu para que se questionasse a concepção equivocada de que haveria uma relação de simetria perfeita entre as políticas externa e de defesa. Assim, defendeu-se a tese de que, inicialmente, o não confrontacionismo derivou muito mais de uma reação a uma circunstância concreta (a ausência de forças armadas capazes) do que de uma opção consciente lastreada em cálculo estratégico sobre a baixa relevância do poderio militar para a condução dos assuntos internacionais do país. Nesse sentido, buscou-se realçar o fato de que a debilidade militar brasileira não resulta de uma escolha de política externa. No entanto, admitiu-se que, no presente, a cristalização de uma identidade conciliatória contribui para que prevaleça uma lógica circular no tocante à ausência de prioridade atribuída ao fortalecimento da capacidade de defesa nacional.

No terceiro capítulo, procurou-se dar conta dos fatores domésticos que incidem sobre a política de defesa e sua articulação com a política externa. Ênfase especial foi conferida à análise das debilidades institucionais que tornam difícil a implementação de uma política de defesa capaz de exercer coordenação efetiva sobre as políticas setoriais da Marinha, do Exército e da Aeronáutica. A problemática relacionada ao sistema político brasileiro mereceu menção particular, por ter importância crucial para a perpetuação da ausência de controle parlamentar sobre os rumos da defesa nacional. Salientou-se, igualmente, a relevância da percepção socialmente compartilhada de que as ameaças ao Brasil emanariam em maior intensidade do plano interno. Assim, a pressão exercida sobre as forças armadas, por determinados setores da sociedade, para que se engajem no combate ao crime organizado não contribui para um satisfatório equacionamento das questões castrenses – uma vez que estas são vistas como não prioritárias ou até mesmo dispensáveis quando comparadas à necessidade de debelar a crise instalada na área de segurança pública. O baixo retorno eleitoral da boa condução da política de defesa, por sua vez, contribui para que o Poder Executivo tenha limitado interesse em modificar o *status quo* prevalecente nas hostes militares. Esse fato, acoplado à falência financeira das forças singulares causada pelo peso excessivo dos encargos com pessoal ativo e inativo, compõe um quadro essencialmente negativo no que se refere à capacidade daquela política pública para respaldar a política externa.

A falta de respaldo aludida é uma forma simplificada de expressar a insuficiente articulação sistêmica entre as políticas externa e de defesa. Essa insuficiência decorreria da baixa prioridade da política de defesa, da ausência de direção efetiva sobre ela, do perfil acomodatício da política externa, da ausência de mecanismos operacionais de articulação entre as duas e da limitada compreensão a respeito da instrumentalidade do poder militar para a condução dos assuntos internacionais. Logo, mencionou-se que uma articulação satisfatória entre as políticas em tela envolveria transcender a atual inexistência de direção política clara, a carência de projeto de forças integrado, a falta de mecanismo efetivo de coordenação diplomático-militar e a incompreensão generalizada acerca das potencialidades de utilização da força armada como elemento de respaldo da política externa. Salientou-se, também, o fato de que a aparente tranquilidade reinante no campo da interface entre as políticas externa e de defesa, desde 1989, deveu-se ao baixo perfil estratégico brasileiro. Esse perfil foi instrumental para abafar as inconsistências de articulação existentes entre as políticas públicas aqui analisadas.

O diagnóstico dos problemas que envolvem a formulação de uma política de defesa coerente e sua articulação com a política externa, realizado no capítulo três, serviu de pano de fundo para a construção dos cenários prospectivos empreendida no capítulo seguinte. Dessa forma, fez-se uso do trabalho "Brasil 2020", conduzido pela antiga SAE em 1996/97, acrescido das previsões do autor a respeito da configuração do sistema internacional no médio prazo. O objetivo desse exercício foi apresentar visões alternativas de futuro que pudessem lastrear a extrapolação das políticas externa e de defesa decorrentes de cada um dos três cenários. Essa extrapolação teve importância primordial para que se pudessem derivar as diferentes alternativas de articulação entre as duas políticas em contextos distintos. Tendo em conta a maior ou menor plausibilidade de concretização dos cenários, suposta a partir da descrição das restrições incidentes sobre as políticas externa e de defesa no presente, tornou-se factível prever a sua configuração mais provável em 2020. Essa previsão, por seu turno, permitiu modelar em seus traços mais gerais a melhor estratégia de política externa capaz de maximizar tendências positivas e minimizar tendências negativas com o intuito de aproximar a curva de futuro de sua configuração mais favorável no tocante à sua articulação com a política de defesa. Nessas condições, o modelo resultante serve de referência para a elaboração de recomendações sobre aspectos da política externa brasileira que poderiam ser aprimorados com vistas a garantir que o Itamaraty contribua do modo mais efetivo para a construção do melhor cenário prospectivo possível.

Seguindo o esquema do argumento mencionado anteriormente, as recomendações acima aludidas serão apresentadas na última parte da conclusão. Neste momento, portanto, cabe expor o espectro de utilização direta e indireta do poder militar. De modo a manter o espírito de concisão que preside este trabalho, tanto o primeiro quanto o segundo serão relacionados, abaixo, na forma de tópicos. Faz-se imprescindível, não obstante, definir o que se entende por "utilização direta e indireta." Para encurtar uma longa discussão, o emprego direto do poder militar é aqui entendido como aquele que depende de ações claramente identificáveis, do ponto de vista empírico, por parte da(s) estrutura(s) institucional(is) responsável(is) pela produção de segurança e defesa. A dissuasão, embora possa teoricamente se processar sem que haja ações evidentes, na prática depende de permanente esforço de exposição das capacidades militares de um Estado. O emprego indireto do poder militar, noutra perspectiva, não depende de forma óbvia de ações empiricamente determináveis. Assim, a própria existência dos meios materiais e humanos passíveis de gerar poder militar é capaz de produzir efeitos. Isso ocorre desde que esses meios sejam de conhecimento público e possuam dimensão apreciável em termos comparativos, e desde que haja instituições estatais organizadas capazes de manipular esses efeitos virtuais em favor dos interesses da nação.

Espectro de utilização direta do poder militar:

- defesa contra ameaças externas;
- defesa contra ameaças internas (segurança interna);
- dissuasão;
- coerção;
- ações encobertas;
- inteligência;
- ações antiterroristas;
- controle de fronteiras;
- cooperação militar internacional;
- operações de manutenção ou de imposição da paz;
- ações de reforço da imagem do poder estatal ("mostrar bandeira");
- reforço da presença do Estado em áreas inóspitas (seja pela presença física, seja pela capacidade de projeção de poder militar);
- apoio a ações policiais em circunstâncias excepcionais;
- apoio logístico em ações assistenciais em situações excepcionais.

Espectro de utilização indireta do poder militar:

- aumento genérico de capital político internacional;
- aumento do poder de pressão em contextos específicos;
- aumento do poder de sedução em contextos específicos;
- sinalização de firmeza de propósito na defesa dos interesses nacionais;
- incentivo ao desenvolvimento científico e tecnológico;
- incentivo ao desenvolvimento industrial – com concomitante redução da dependência externa do fornecimento de armas e do comprometimento de divisas com a sua aquisição;
- incentivo ao desenvolvimento organizacional;
- fortalecimento da autoestima nacional;
- formação de coalizões militares *ad hoc*;
- formação de alianças militares.

Diante do exposto, deve-se reconhecer que a essência do emprego indireto tem a ver com o grau de fungibilidade do poder militar. Quanto mais fungível ele for, maiores serão as suas possibilidades de aplicação não violenta. A aplicação não violenta do poder militar, por sua vez, abrange os dois tipos de emprego definidos neste estudo, mas subsume o indireto. Logo, optou-se por não estabelecer distinção entre aplicação violenta e "pacífica" da força armada por acreditar-se que todos os termos derivados de "violência" possuam conotações negativas – o que parece ser particularmente verdadeiro no caso do Brasil. Nesse sentido, a distinção entre emprego direto e indireto do poder militar é antes de tudo analítica, uma vez que, na prática, há imbricações lógicas entre ambos os construtos. Ela serve, contudo, para clarificar aspectos fundamentais da instrumentalidade desse tipo de poder, algo útil quando se pretende discutir como o último poderia contribuir para a condução da política externa brasileira.

De modo a prosseguir com o esforço de esclarecimento sobre a instrumentalidade da força armada, faz-se igualmente necessário relacionar os objetivos que não podem ser atingidos por meio de seu emprego isolado. Essa relação é extremamente significativa, pois deverá eliminar ilusões que distorcem a percepção tanto dos defensores quanto dos críticos em relação à utilidade do poder militar como ferramenta de política externa. Segue, abaixo, a lista dos principais objetivos que a força armada, sozinha, não é capaz de atingir:

- mudança profunda da(s) perspectiva(s) do(s) Estado(s) submetido(s) pelo poder militar perfeitamente congruente com os interesses do Estado que exerce a coerção;
- conquista da lealdade de longo prazo de populações submetidas pela força;
- modificação, sem custos materiais e simbólicos, da ação que outrem levaria a cabo não fosse a interferência do poder militar de um terceiro Estado;
- pacificação duradoura de conflitos domésticos, incluindo aqueles em que há presença de tropas internacionais de *peacekeeping*;
- dissuasão infalível de ameaças externas;
- dissuasão infalível de ameaças internas;
- capacidade ilimitada de servir como moeda de troca em barganhas cruzadas;
- ações antiterroristas capazes de eliminar completamente a(s) ameaça(s);
- garantir segurança e defesa ilimitadas;
- garantir o desenvolvimento nacional;
- fortalecer a autoestima nacional.

Como se pode inferir dos exemplos mencionados, o poder militar está longe de constituir panaceia. No entanto, a consciência de suas possibilidades e limitações parece crucial para que os homens e mulheres de Estado tenham clara a noção de sua importância. No caso brasileiro, em que impera profundo desconhecimento e desinteresse pela temática castrense, a explicitação desses dois aspectos é ainda mais relevante. Nesse sentido, pretende-se examinar, em seguida, a instrumentalidade da força armada para o Brasil. Esse exame será conduzido com base nos contextos internacional, regional e nacional contemporâneos. Considerará, da mesma forma, as tendências alternativas apresentadas nos cenários prospectivos, levando em conta a factibilidade de transição do cenário Caaetê (hoje mais provável) para o Baboré. Evidentemente, não se julga razoável ter a pretensão de apresentar uma versão neutra, do ponto de vista normativo, da instrumentalidade do poder militar. Considera-se que essa tarefa é impossível. Contudo, as inferências produzidas ao longo deste estudo serão fundamentais para que se possa realizar essa tarefa de modo minimamente adequado.

Diante do exposto, valeria analisar a utilidade da força armada para a condução da política externa brasileira a partir de um axioma básico: quanto maior a densidade de poder de um Estado (representada pela escala potência/potência regional/grande potência/superpotência) e mais conflitiva a cultura da anarquia dominante (resultante da interação da estrutura social planetária, percebida pela superpotência e/ou pelo diretório de potências mais importante – macroestrutura –, com a estrutura prevalecente nas diversas regiões, de acordo com a ótica das potências regionais – CSRs), maiores serão os incentivos para que a política de defesa adquira relevo primordial em suas relações exteriores. Isso significa dizer que uma superpotência que encare o sistema internacional sob o prisma de inimizade/rivalidade tenderá a conferir importância mais acentuada a sua política de defesa que uma superpotência que o encare sob o prisma de rivalidade/amizade, e assim por diante. Obviamente, as circunstâncias específicas de cada país modularão essa tendência, acentuando-a ou restringindo-a. No caso do Brasil, a condição de potência regional submetida a uma cultura da anarquia do tipo rivalidade/amizade, tanto no plano internacional quanto no do CSR sul-americano, tenderia, *ceteris paribus*, a determinar um grau mediano de prioridade para a política de defesa. O poder militar não poderia, nessas condições, ser tomado como o alfa e o ômega da inserção do país no plano global.

A despeito da consideração genérica mencionada, a relevância da força armada para a inserção brasileira no mundo não pode ser subestimada. Isso se deve essencialmente à questão da autonomia discutida em passagem anterior. Se o Brasil pretende ampliar seu espaço de manobra diplomática, e se o poder militar possui a capacidade de dominar em última instância as demais expressões do poder *lato sensu*, o mínimo que a prudência recomendaria é a construção de um aparato de defesa que permita ao país dissuadir as principais ameaças que se lhe apresentam no médio prazo. Assim, o *bottom line* da política de defesa deveria ser a frustração de eventuais interferências externas que restrinjam a liberdade de ação internacional brasileira. Nesse sentido, deve-se ressaltar que a diplomacia é, antes de mais nada, um instrumento de consecução do interesse nacional. Este último constitui sempre o objetivo principal, enquanto o método pelo qual será atingido – se mais ou menos conciliatório – representa a parte acessória. Não há, portanto, identidade necessária entre diplomacia e acomodação de interesses. Esse aspecto precisa ser enfatizado para que faça sentido falar sobre a instrumentalidade do poder militar para a política externa. Isso porque, se se considera o ofício do diplomata como sinônimo de conciliação a qualquer preço, os usos diretos e indiretos da força armada como instrumento de respaldo daquela política tornam-se *ipso facto* marginais, quando não inconcebíveis.

Antes de relacionar, em tópicos, a utilidade do poder militar para a condução da política externa brasileira contemporânea, cabe fazer uma breve digressão sobre o que pode vir a ameaçar o país nos próximos 11 anos. O conceito de ameaças como dado objetivo da realidade é extremamente problemático. Para escapar desse dilema, Buzan, Waever e de Wilde propõem que elas sejam abordadas como fenômenos socialmente construídos. Nessa linha, os processos de securitização, desde que respaldados por setores-chave da sociedade, serão ao fim e ao cabo os responsáveis pela definição daquilo que se entende como ameaça. Essa perspectiva conceitual não impede, contudo, que se especule sobre o que poderia constituir objeto de preocupação militar no médio prazo. Logo, alguns elementos devem ser taquigraficamente citados como eventuais ameaças à autonomia brasileira:

- a diminuição do custo de utilização da força, causada pelo aumento contínuo do abismo tecnológico entre exércitos de Estados desenvolvidos e em desenvolvimento;
- a possibilidade de que a superpotência assuma de modo irrecorrível feição imperialista, aumentando a tensão militar em escala planetária;
- o aumento da conflitividade sistêmica, causado pela disputa por recursos escassos num contexto de degradação ambiental crescente;
- instabilidade crônica no CSR sul-americano, causada pelo aprofundamento das contradições sociais e pela fragilidade institucional dos países que o compõem.

Às ameaças contextuais aludidas, poder-se-ia agregar suposições sobre outras de caráter mais propriamente "objetivo" – direta ou indiretamente relacionadas às primeiras. Seriam elas:

- disputas sobre o acesso a recursos produzidos ou contidos em território brasileiro (petróleo, biocombustíveis, metais raros, metais preciosos, água doce, alimentos, material genético etc.);
- disputas sobre a responsabilidade pelo processo de degradação ambiental global, passíveis de serem utilizadas para exercer pressão ou mesmo coerção sobre o Brasil;
- disputas sobre eventual opção brasileira por desenvolver tecnologias de uso dual;
- disputas sobre questões relacionadas aos direitos humanos de minorias indígenas, passíveis de serem instrumentalizadas contra o Brasil;
- ameaça à integridade física e à propriedade de populações brasileiras residentes em áreas de fronteira onde haja grande instabilidade política e social;
- infiltração, em território nacional, de células de grupos terroristas (em especial de organizações hostis à superpotência);
- associação entre grupos terroristas (e/ou criminosos) estrangeiros e o crime organizado doméstico.

Como se vê, todas as supostas ameaças relatadas possuem forte relação com as questões de defesa, tendo o autor optado por enfatizar aquelas em que há mais evidente proximidade com a problemática de segurança militar externa. Em todos os 11 exemplos de possíveis ameaças existe chance de que a soberania e a autonomia nacionais venham a sofrer restrições na ausência de capacidade dissuasória crível.

Parece correto supor que a força armada não é útil apenas para neutralizar influências externas limitadoras da margem de manobra internacional brasileira. Ela é também crucial do ponto de vista político, permitindo ao país explorar uma série de capacidades que de outra forma não existiriam, fosse o seu poder militar nulo ou demasiadamente débil como ocorre no presente. A principal dificuldade encontrada para a justificação política desse aspecto tão relevante tem a ver com o seu caráter imaterial. Justificar a construção de um hospital é algo, em princípio, trivial. Justificar a construção de uma esquadra, com base no argumento de que o poder de barganha internacional do Brasil (elemento imaterial) será reforçado, não o é. O nível de conhecimento necessário para que se compreenda a oportunidade de contar com uma marinha de guerra bem aparelhada e dimensionada excede o da imensa maioria dos cidadãos. No entanto, de acordo com o que se tentou demonstrar ao longo deste trabalho, o poder militar possui a propriedade de ampliar o capital político daqueles que o detêm em dimensão adequada. Na mesma linha, a relação de dependência mútua existente entre a política e a economia, partes indissociáveis da expressão corretiva do poder, faz com que a força armada não possa ser negligenciada no caso brasileiro. Uma vez que o desenvolvimento permanece prioritário, a prevenção de entraves de natureza extraeconômica que venham a comprometê-lo deve ser encarada com seriedade. O poder militar pode ser instrumental para a remoção desses entraves. Supondo que os argumentos citados anteriormente sejam plausíveis, a questão passa a ser muito mais *como* projetar as forças armadas de que o país precisa do que *se* o Brasil realmente precisa de forças armadas mais bem preparadas, aparelhadas e adestradas do que as hoje existentes.

A definição de um projeto de forças, contudo, não é algo simples. A despeito dos inúmeros aspectos técnicos aí envolvidos, deve-se admitir que a variável política inevitavelmente possuirá caráter decisivo. Isso é tanto mais verdadeiro quanto se tenham em conta as dificuldades de determinação objetiva das ameaças a serem contempladas no planejamento integrado de defesa. Uma forma de mitigar o problema descrito é deixar de considerar as supostas ameaças como o eixo sobre o qual se constrói o projeto de forças. Assim, substituir-se-iam aquelas pela produção de "capacidades" militares específicas. Estas não seriam voltadas contra atores particulares, como ocorria durante a Guerra Fria, mas contra circunstâncias genéricas tidas como prováveis. O planejamento de defesa passaria, dessa forma, a centrar-se no objetivo de prover o Estado de ferramentas militares a serem utilizadas de acordo com as situações previstas: por exemplo, em vez de os EUA planejarem enfrentar a Rússia numa guerra convencional, prevê-se ter condições de "vencer um conflito convencional de alta intensidade". Na verdade, contudo, a produção de capacidades não exclui totalmente a identificação de ameaças, uma vez que as primeiras só se tornam inteligíveis se houver uma base de entendimentos compartilhada sobre aquilo contra o qual se deve estar preparado.

A breve digressão realizada no parágrafo anterior serve para que se reflita sobre as capacidades que a política de defesa deve prover, enquadradas nos objetivos maiores da política externa brasileira. Tendo em conta que a metassíntese do desenvolvimento pressupõe a ampliação da autonomia e da soberania nacionais, as políticas externas e de defesa devem contribuir para que isso se concretize. Nessas condições, a força armada necessita ser capaz de gerar crescentes capacidades de dissuasão e influência política. Porém, no horizonte temporal abrangido por este trabalho, o Brasil dificilmente disporá dos recursos materiais necessários para levar a cabo um projeto amplo de incremento de seu poder militar. Nessa circunstância, que seria possível fazer? Em essência, é preciso ter em mente que a complexidade da inserção político-estratégica do país não permite soluções simplistas. A variedade fisiográfica do território nacional, a magnitude dos recursos que se pretende preservar, a dimensão adquirida pela insegurança pública, as peculiaridades do CSR sul-americano, a presença da única superpotência no hemisfério, os interesses relacionados à aceleração do desenvolvimento, entre outros fatores, indicam ser necessário contar com uma gama relativamente ampla de capacidades militares. Estas, no entanto, deverão ser compatíveis, ao mesmo tempo, com a atual estatura internacional do Brasil e com suas ambições de médio prazo.

Levando em consideração o exposto, que capacidades militares seria necessário construir para que a política externa pudesse ver seu poder de barganha, por um lado, e sua autonomia, por outro, incrementados no médio prazo? O aumento do poder de barganha brasileiro é, simultaneamente, causa e consequência da maior capacidade de influir sobre os temas internacionais. A força armada pode contribuir para esse aumento, na medida em que garanta a possibilidade de aplicação, pelo estadista, de suas facetas direta e indireta. As capacidades relacionadas à aplicação direta do poder militar têm maior afinidade, no caso de uma potência regional como o Brasil, com a neutralização de ameaças externas que atentem contra a autonomia e a soberania do país. Não obstante isso, podem contribuir também para o incremento do *soft power* nacional. Como exemplo, caberia mencionar a construção de um aparato dissuasório com credibilidade regional incontestável. Logo, a *capacidade de enfrentar e vencer dois conflitos regionais de média intensidade simultâneos*, ainda que de curta duração, ou de infligir pesados danos a um adversário mais poderoso que cogite coagir militarmente o Brasil permitiria não só aumentar sua quase nula capacidade dissuasória, mas também produzir os efeitos indiretos de sedução inerentes ao campo de possibilidades proporcionado pelo poder militar. A sedução mencionada derivaria da consciência dos parceiros sul-americanos de que o país seria uma potência benigna, mas dotada de poder nacional equilibrado em todas as dimensões. Nesse sentido, a criação de forças armadas com incontrastável capacidade militar, em termos regionais, poderia ser utilizada para intensificar o intercâmbio com os exércitos da América do Sul.

Na linha do que foi exposto, a maior capacitação das forças armadas brasileiras permitiria explorar iniciativas de produção conjunta de armamentos com os países lindeiros – algo vislumbrado no âmbito do recém-criado Conselho Sul-americano de Defesa (CSAD). Uma opção viável seria a constituição de consórcios visando o compartilhamento de responsabilidades, tecnologias e custos – como ocorre frequentemente na Europa. O Brasil poderia liderar esse processo, que, a par de incentivar a indústria bélica nacional, aproximaria ainda mais os estamentos militares dos Estados sul-americanos. Além de demonstrar as intenções não hegemônicas do país, o incremento de iniciativas dessa natureza faria com que se estreitasse o relacionamento político na região, assim como determinaria a redução dos custos de aquisição de sistemas de armas. Isso incentivaria a criação de um pequeno *cluster* de indústrias bélicas no subcontinente, capitaneada pelo Brasil. Nesse sentido, poder-se-ia cogitar, inclusive, o fornecimento, pelas forças armadas, de material de emprego militar de segunda-mão para os países sul-americanos menos dotados de recursos. Maior assistência militar aos Estados do CSR constituiria outro gesto político importante que, no longo prazo, poderia reduzir a influência exercida pela superpotência sobre os exércitos da região. Os efeitos desse tipo de parceria seriam francamente favoráveis à intenção brasileira de aumentar a coesão política e econômica sul-americana, ampliando o poder de barganha do país tanto no relacionamento com seus vizinhos quanto com potências extrarregionais.

O poder de barganha nacional seria adicionalmente intensificado se a nação contasse com a *capacidade de participar ativamente de esforços de manutenção da paz* em suas diversas modalidades. A participação em missões desse gênero, ademais de contribuir para o aumento do *soft power* do país, poderia servir como justificativa política para maior aplicação de recursos no setor de defesa. A despeito do que precede, acredita-se que a contribuição para esse tipo de missão não deve se tornar o alfa e o ômega da política de defesa brasileira. Ainda que a imposição da paz possa ter semelhanças com o emprego convencional das forças armadas em conflitos interestatais, há que se admitir que as funções de *peacekeeping* estão muito mais próximas das de caráter parapolicial do que das relacionadas ao combate entre exércitos regulares. O risco decorrente da superestimação da importância das atividades de manutenção da paz seria o de especializar as forças armadas brasileiras nesse tipo de missão, negligenciando a centralidade das tarefas clássicas de defesa da soberania. A despeito desse *caveat*, não resta dúvida de que a participação do Brasil em iniciativas de garantia da paz referendadas pela ONU poderia ser politicamente relevante no sentido de aumentar o poder de influência do país no sistema internacional.

Outra capacidade militar que seria extremamente útil, em situações de contingência, é aquela representada pela *projeção limitada de poder além-fronteiras*. Tendo em vista os crescentes interesses brasileiros em países vizinhos, bem como a significativa instabilidade política, econômica e social em muitas das nações lindeiras, torna-se relevante que as forças armadas do país tenham condições de empreender ações pontuais de garantia desses interesses. Essas ações envolveriam a proteção de nacionais durante crises em que houvesse ameaças à sua integridade física, a proteção de ativos estratégicos, o fornecimento de apoio humanitário em situações de calamidade, entre outros. Essa capacidade, fundamental em casos de extrema gravidade, pode ser utilizada pela política externa brasileira para aumentar o poder de barganha nacional no relacionamento com os demais países sul-americanos. Evidentemente, não se cogita aqui ser necessário aparelhar grandes forças expedicionárias para a consecução das missões mencionadas. No entanto, ser capaz de projetar, no espaço sul-americano, uma pequena mas robusta força militar parece corresponder a uma importante ferramenta política passível de ser instrumentalizada pelo Itamaraty.

Deve-se fazer alusão, igualmente, à *capacidade das forças armadas de empreenderem ações antiterroristas de vulto*. Embora o Brasil não pareça representar uma plataforma importante para as redes do terrorismo internacional, nada garante que essa situação permaneça inalterada. Da mesma forma, nada garante que o país esteja imune a ataques dessa natureza. Uma das possibilidades que não podem ser descartadas é a de que grupos terroristas regionais ou extrarregionais venham a se associar com organizações criminosas brasileiras. Essa eventualidade implicaria problemas de extrema gravidade. É necessário ter em mente a importância atribuída pela superpotência ao fenômeno do terrorismo. A eventual incrustação de células terroristas antiamericanas em território nacional geraria quase certamente tensões com os Estados Unidos. Em circunstâncias extremas, o Brasil poderia, na falta de um aparato dissuasório importante, tornar-se alvo de ações militares estadunidenses visando eliminar ameaças dessa natureza. Logo, embora a luta antiterrorista esteja muito mais relacionada ao emprego da inteligência, seria conveniente que as forças armadas brasileiras tivessem capacidade de colaborar com os esforços da Agência Brasileira de Inteligência (Abin) e do Departamento de Polícia Federal (DPF). Essa capacidade proporcionaria à política externa brasileira elementos importantes para neutralizar eventual contaminação da agenda bilateral com os EUA pela temática mencionada.

As quatro capacidades militares sucintamente mencionadas representam exemplos claros de como uma mudança qualitativa na política de defesa poderia proporcionar maior latitude à política externa. Em outro sentido, suscitam a reflexão sobre as formas pelas quais esta última poderia contribuir para a mudança da primeira. Tendo em conta o objetivo de construir o cenário futuro mais virtuoso para a articulação entre as políticas externa e de defesa, algumas sugestões serão enumeradas com o fito de contribuir para o debate sobre as melhores formas de concretização do futuro almejado. Antes, porém, caberia esclarecer que não se tem ilusão quanto à possibilidade de que as duas políticas públicas mencionadas, por mais articuladas que sejam, venham a modificar sozinhas a realidade futura. Qualquer cenário prospectivo depende, para sua concretização, de um número enorme de variáveis. O desempenho da economia, a solidez das instituições, a capacidade de resposta aos anseios da sociedade por parte do sistema político, entre outros fatores-chave, poderiam ser enumerados. Como é óbvio, a condução eficaz de duas políticas públicas, ainda que relevantes como as que aqui se analisa, está subordinada a um sem-número de condicionantes de ordem geral. Logo, ainda que o porvir venha a se materializar em sua versão menos positiva, o país só tem a ganhar se for capaz de articular satisfatoriamente os assuntos diplomáticos e militares. Nesse sentido, aprimorar a articulação entre diplomatas e soldados representa um objetivo socialmente justificável, independentemente de qualquer outra consideração.

Em vista do que precede, pretende-se relacionar, sinteticamente, ações que poderiam ser estudadas pelo Itamaraty visando a contribuir para a meta de ampliação do campo de manobra da política externa proporcionado por um eventual aprimoramento da interface com a política de defesa. Deve-se ressaltar, contudo, que não há neste estudo qualquer pretensão de sugerir alterações bruscas na condução dos assuntos internacionais do Brasil. No entanto, essa observação não exime o autor da responsabilidade de oferecer sua contribuição para o debate sobre o tema abordado. É preciso ter em conta que, quando se trata da formulação e da implementação de uma política pública como a externa, o diabo quase sempre mora nos detalhes. Não havendo choques externos de grande magnitude, dificilmente poder-se-ia cogitar a hipótese de inflexões dramáticas no relacionamento internacional de um Estado – sobretudo levando em conta o passo sempre lento da transformação dos atributos materiais de poder de uma nação. Isso significa dizer que possíveis correções de rota devem ser graduais e não se encontram necessariamente em oposição ao plano declaratório da política externa tal qual ele se apresenta no presente.

O ponto de partida das sugestões que se seguem é a ideia de que não é mais possível estabelecer linhas de demarcação rígidas entre os planos doméstico e internacional. Se isso for verdade, o Itamaraty tem, necessariamente, de atuar nessas duas frentes. Não sendo factível pretextar a separação entre os dois planos, a ação do MRE deve ser articulada em ambos. Tanto um quanto o outro reforçam-se mutuamente. Assim, o sucesso na ação externa reforça a possibilidade de sucesso na ação interna, e vice-versa. A política doméstica torna-se crucial para que a função precípua do ministério, o avanço do interesse nacional no exterior, seja bem-sucedida. Essas premissas conduzem à conclusão de que o Itamaraty pode e, mais do que isso, deve intervir nos debates internos sobre temas relevantes para a agenda internacional do país. A política de defesa é, claramente, um desses temas. Embora não se advogue aqui uma intervenção sistemática nas discussões sobre a matéria, parece certo que a simples abstenção não representa uma alternativa produtiva. Nesse sentido, são as seguintes as iniciativas passíveis de contribuir para melhor articulação entre as políticas externa e de defesa (relacionadas de maneira taquigráfica):

- maior intervenção do MRE no debate público sobre a política de defesa;
- criação de uma subsecretaria, ou de um departamento, de Segurança Internacional (SSI) capaz de imprimir direção unificada ao tratamento de todos os aspectos relacionados à problemática de segurança internacional e defesa;
- estruturação de uma estratégia conjunta MRE/MD visando o esvaziamento de eventuais desconfianças por parte dos parceiros internacionais do país em face de seus esforços de construção de capacidades militares mais adequadas do que as atuais;

- aumento da transparência da política de defesa por meio da publicação de um livro branco sobre defesa – algo que a Estratégia Nacional de Defesa (END), lançada em dezembro de 2008, ainda não é;
- busca de fortalecimento das instâncias formais de diálogo entre MRE e MD no plano governamental (por exemplo, Creden);
- busca de fortalecimento das instâncias informais de diálogo (por exemplo, reprodução, em bases trimestrais, das reuniões entre diplomatas e militares – "dip-mil" – realizadas no passado);
- indicação periódica e contínua de diplomatas e militares para cursarem um semestre nas respectivas academias diplomática e militares;
- criação de uma ementa comum sobre política externa e política de defesa a ser utilizada tanto nos cursos do Instituto Rio Branco quanto das academias militares.

Levando em consideração tudo o que foi dito até este ponto, a resposta inequívoca à pergunta que dá título à conclusão deste estudo é que *o poder militar importa no caso do Brasil*. Devido à sua relevância intrínseca, ele não pode, em hipótese alguma, ser negligenciado como ferramenta útil à consecução dos interesses nacionais. Ao Ministério das Relações Exteriores do presente caberia, assim como fez o patrono da diplomacia brasileira há mais de um século, engajar-se no debate público e intragovernamental relativo à reestruturação e reaparelhamento das forças armadas. Seria muito importante, nesse sentido, que o Itamaraty estudasse a conveniência de elevar o perfil do seu apoio ao fortalecimento do poderio militar do país. Essa elevação de perfil nada teria de belicosa ou imprudente. Ao contrário, é exatamente o argumento da prudência uma das mais fortes razões que justificam o aprimoramento da capacidade defensiva do Brasil. Logo, a manutenção de uma estrutura militar precária como a atual reduz o campo de manobra da política externa, limitando sua autonomia e expondo o país a condicionalidades derivadas do eventual surgimento de disputas com potências estrangeiras.

Ora, ao longo de todo este estudo, procurou-se demonstrar a validade da noção de que o adensamento do poder militar produzido pelas forças armadas constitui objetivo importante para uma potência regional como o Brasil. Todavia, o primeiro passo na direção da mudança do *status quo* existente no setor de defesa é a refutação da tese da "inutilidade" da força para o avanço do interesse nacional. Foi visando problematizar esse tipo de percepção da temática militar, disseminada inclusive em círculos acadêmicos e diplomáticos, que o autor redigiu o presente trabalho. Foi também pensando em contribuir para o aprimoramento das ações do Itamaraty relacionadas à interface com a política de defesa que se procurou sugerir iniciativas tendentes a reforçar as curvas de futuro mais virtuosas possíveis, identificadas nos cenários prospectivos apresentados. Desse modo, ressaltou-se a inadiável necessidade de reavaliar o papel de Marinha, Exército e Aeronáutica como instrumentos de apoio à política externa. Em uma era complexa como a que se vive hoje, a virtude da temperança parece aconselhar que ao menos se reflita sobre os temas mencionados neste livro. Isso é tanto mais verdadeiro quanto se tenha em vista o fato de que a busca do desenvolvimento não se encontra, ao contrário do que sustentam algumas visões, em contradição com o fortalecimento do capital político do país proporcionado pela construção de capacidades militares mais adequadas que as atuais.

Notas

[1] Ver ALSINA JR., João Paulo Soares. *Política externa e política de defesa no Brasil:* síntese imperfeita. Brasília: Câmara dos Deputados, 2006.

[2] O autor é diplomata de carreira e, à época em que redigiu este livro, ocupava o cargo de assessor do gabinete do ministro de Estado da Defesa. No entanto, nenhum dos conceitos expressos aqui representa necessariamente o pensamento do Ministério das Relações Exteriores ou do Ministério da Defesa.

[3] WEBER, Max apud SCOTT, John. *Power.* Cambridge: Polity Press, 2001. p.17.

[4] NYE JR., Joseph S. *Soft power:* the means to success in world politics. New York: Public Affairs, 2004. p.XIII. (Tradução do autor).

[5] FREEDMAN, Lawrence. Military power and political influence. *International Affairs,* v. 74, n. 4, Oct. 1998. p. 780. (Tradução do autor)

[6] FREEDMAN:1998, p.764. (Tradução do autor)

[7] Construtivismo e neorrealismo são duas das inúmeras correntes de pensamento em relações internacionais. De modo extremamente simplificado, a primeira sustenta que a cultura constituiria elemento fundamental dos mecanismos de reprodução da realidade internacional. Para a segunda corrente, a estrutura do sistema internacional seria determinante para a definição dessa realidade.

[8] BUZAN, Barry. *The United States and the great powers:* world politics in the Twenty-First Century. Cambridge: Polity Press, 2004. p. 28. (Tradução do autor).

[9] BUZAN, Barry; WAEVER, Ole; WILDE, Jaap De. *Security:* a new framework for analysis. Boulder: Lynne Rienner, 1998. p. 201. (Tradução do autor).

[10] Kantianismo refere-se à visão do filósofo Immanuel Kant de que um mundo constituído por repúblicas poderia atingir a paz universal. Em suma, refere-se a uma perspectiva otimista em relação à possibilidade de limitação da guerra.

[11] Barão do Rio Branco a*pud* BUENO, Clodoaldo BUENO, Clodoaldo. *Política externa da Primeira República:* os anos de apogeu (de 1902 a 1918). São Paulo: Paz e Terra, 2003. p. 220.

[12] CAVAGNARI, Geraldo Lesbat. *Subsídios para revisão da política de defesa nacional*. Campinas, 2000. Disponível em: < http://www.unicamp.br/nee/art11.htm >. Acesso em: 29 jul. 2007.

[13] *Cenários exploratórios Brasil 2020*. Brasília: SAE/SAA/PR, 1997. p. 50.

[14] *Cenários exploratórios Brasil 2020*:1997, 75.

[15] *Cenários exploratórios Brasil 2020*:1997, 102.

Bibliografia

ALSINA JR., João Paulo Soares. *Política externa e política de defesa no Brasil:* síntese imperfeita. Brasília: Câmara dos Deputados, 2006.

AMES, Barry. *The deadlock of democracy in Brazil*. Ann Arbor: The University of Michigan Press, 2002.

AMORIM NETO, Octavio. The puzzle of party discipline in Brazil. *Latin American Politics and Society*, v. 44, n. 1, p. 127-144, Spring 2002.

_____. *Presidencialismo e governabilidade nas Américas*. Rio de Janeiro: FGV, 2006.

ART, Robert J. To what ends military power? In: HAYS, Peter L.; VALLANCE, Brenda J.; VAN TASSEL, Alan R. (Eds.). *American defense policy*. Baltimore: The Johns Hopkins University Press, 1997. p. 17-23.

_____. The fungibility of force. In: ART, Robert J.; WALTZ, Kenneth N. (Eds.). *The use of force: military power and international politics*. Maryland: Rowman & Littlefield, 1999. p. 3-22.

AYOOB, Mohammed. *The Third World security predicament:* state making, regional conflict, and the international system. Boulder: Lynne Rienner, 1995.

AZAR, Edward E.; MOON, Chung-In. Towards an alternative conceptualization. In: AZAR, Edward E.; MOON, Chung-In (Eds.). *National security in the Third World:* the management of internal and external threats. Aldershot: Edward Elgar, 1988. p. 277-298.

BEHERA, Laxman Kumar. *The US defence budget for 2008*. Disponível em: < http://www.idsa.in/publications/stratcomments/LaxmanBehera210207.htm >. Acesso em: 28 mar. 2007.

BUENO, Clodoaldo. *Política externa da Primeira República:* os anos de apogeu (de 1902 a 1918). São Paulo: Paz e Terra, 2003.

BUZAN, Barry. *People, states and fear:* an agenda for international security studies in the post-Cold War era. Boulder: Lynne Rienner, 1991.

_____. *The United States and the great powers:* world politics in the Twenty-First Century. Cambridge: Polity Press, 2004.

_____; HERRING, Eric. *The arms dynamic in world politics*. Boulder: Lynne Rienner, 1998.

_____; WAEVER, Ole. *Regions and powers*: the structure of international security. Cambridge: Cambridge University Press, 2003.

_____; WAEVER, Ole; WILDE, Jaap De. *Security:* a new framework for analysis. Boulder: Lynne Rienner, 1998.

CARVALHO, José Murilo de. As Forças Armadas na Primeira República: o poder desestabilizador. In: FAUSTO, Boris. *História geral da civilização brasileira*. Rio de Janeiro: Bertrand Brasil, 1997. t. 3, v. 2, p. 183-234.

CARVALHO, Nelson Rojas de. *E no início eram as bases:* geografia política do voto e comportamento legislativo no Brasil. Rio de Janeiro: Revan, 2003.

CASTRO, Celso (Org.). *Amazônia e defesa nacional*. Rio de Janeiro: FGV, 2006.

CAVAGNARI, Geraldo Lesbat. Estratégia e defesa (1960-90). In: ALBUQUERQUE, José Augusto Guilhon (Org.). *Sessenta anos de política externa brasileira (1930-90)*: prioridades, atores e políticas. São Paulo: Annablume/Nupri/USP, 2000. p. 119-148.

_____. *Subsídios para revisão da política de defesa nacional*. Campinas, 2000. Disponível em: < http://www.unicamp.br/nee/art11.htm >. Acesso em: 29 jul. 2007.

Cenários exploratórios Brasil 2020. Brasília: SAE/SAA/PR, 1997.

CERVO, Amado. Relações internacionais do Brasil. In: CERVO, Amado (Org.). *O desafio internacional*: a política exterior do Brasil de 1930 a nossos dias. Brasília: UnB, 1994. p. 9-58.

_____. A dimensão da segurança na política exterior do Brasil. In: BRIGAGÃO, Clóvis; PROENÇA JR., Domício (Orgs.). *O Brasil e o mundo* – novas visões. Rio de Janeiro: Francisco Alves, 2002. p. 319-361.

_____; BUENO, Clodoaldo. *História da política exterior do Brasil*. São Paulo: Ática, 1992.

COELHO, Edmundo Campos. *Em busca de identidade*: o Exército e a política na sociedade brasileira. Rio de Janeiro: Record, 2000.

COSTA, José Luiz Machado e. *Balanço estratégico na América do Sul e o papel do Brasil na construção de uma visão sul-americana de defesa*. Brasília: Instituto Rio Branco, 2000.

COSTA, Thomaz Guedes da. Segurança coletiva: pensamento e política do Brasil. *Caderno Premissas*, n. 17/18, maio 1998.

COURMONT, Barthélémy; RIBNIKAR, Darko. *Les guerres asymétriques*: conflits d'hier et d'aujourd'hui, terrorisme et nouvelles menaces. Paris: PUF, 2002.

DANESE, Sérgio. ¿Liderazgo brasileño? *Foreign Affairs en Español*, v. 1, n. 3, p. 157-180, 2001.

DORATIOTTO, Francisco. *Maldita guerra*. São Paulo: Companhia das Letras, 2002.

ECHEVARRIA, Antulio J. Fourth generation war and other myths. Carlisle: Strategic Studies Institute, U.S. Army War College, 2005. Disponível em: < http://www.StrategicStudiesInstitute.army.mil/>. Acesso em: 10 dez. 2008.

ELMAN, Miriam Fendius. Paths to peace: is democracy the answer? In: ART, Robert J.; WALTZ, Kenneth N. (Orgs.). *The use of force*: military power and international politics. Maryland: Rowman and Littlefield, 1999. p. 441-455.

FLORES, Mario César. *Reflexões estratégicas*: repensando a defesa nacional. São Paulo: É Realizações, 2002.

FREEDMAN, Lawrence. Military power and political influence. *International Affairs*, v. 74, n. 4, p. 763-780, Oct. 1998.

GERACE, Michael P.. *Military power, conflict and trade*. London: Frank Cass, 2004.

GOLDEIER, J.M.; McFAIL, M. A tale of two worlds: core and periphery in the post-Cold War era. *International Organization*, v. 46, n. 2, p. 467-491, 1992.

GUIMARÃES, Samuel Pinheiro. *Desafios brasileiros na era dos gigantes*. Rio de Janeiro: Contraponto, 2006.

HIRST, Paul. Power. In: DUNNE, Tim; COX, Michael; BOOTH, Ken (Eds.). *The eighty years' crisis*: international relations 1919-99. Cambridge: Cambridge University Press, 1998. p. 133-148.

_____. *War and power in the 21st Century*: the state, military conflict and the international system. Cambridge: Polity, 2001.

HOLSTI, K. J. *The state, war, and the state of war*. Cambridge: Cambridge University Press, 1996.

_____. The coming chaos? Armed conflict in the world's periphery. In: PAUL, T.V.; HALL, John A. (Eds.). *International order and the future of world politics*. Cambridge: Cambridge University Press, 1999. p. 283-310.

HOUAISS, Antônio; VILLAR, Mauro de Sales. *Minidicionário Houaiss da língua portuguesa*. Rio de Janeiro: Objetiva, 2001.

HURRELL, Andrew. *The quest for autonomy*: the evolution of Brazil's role in the international system, 1964-85. Oxford: University of Oxford, 1986.

_____. An emerging security community in South America? In: ADLER, Emanuel; BARNETT, Michael (Eds.). *Security communities*. Cambridge: Cambridge University Press, 1998. p. 228-264.

HUTH, Paul K.; ALLEE, Todd L. *The democratic peace and territorial conflict in the Twentieth Century*. Cambridge: Cambridge University Press, 2002.

JAGUARIBE, Hélio. *Brasil:* alternativas e saídas. São Paulo: Paz e Terra, 2002.

KACOWICZ, Arie M. *Zones of peace in the Third World*: South America and West Africa in comparative perspective. New York: State University of New York Press, 1998.

LAFER, Celso. *A identidade internacional do Brasil e a política externa brasileira*: passado, presente e futuro. São Paulo: Perspectiva, 2001.

LAKE, David A. Regional security complexes: a systems approach. In: LAKE, David A.; MORGAN, Patrick M. (Eds.). *Regional orders:* building security in a new world. Pennsylvania: Pennsylvania University Press, 1997. p. 45-67.

LAMBETH, Benjamin S. *The transformation of American air power*. Ithaca: Cornell University Press, 2000.

LeBLANC, Steven A. *Constant battles*: the myth of the peaceful, noble savage. New York: St. Martin's, 2003.

LUHMANN, Niklas. *Poder*. Brasília: UnB, 1992.

MAGNOLI, Demétrio. *O corpo da pátria*: imaginação geográfica e política externa no Brasil (1808-1912). São Paulo: Unesp, 1997.

MAINWARING, Scott P. *Sistemas partidários em novas democracias:* o caso do Brasil. Rio de Janeiro: FGV, 2001.

MARES, David R. *Violent peace*: militarized interstate bargaining in Latin America. New York: Columbia University Press, 2001.

MARQUES, Adriana Aparecida. *Concepções de defesa nacional no Brasil: 1950-96*. Dissertação (Mestrado em Ciência Política) – Universidade Estadual de Campinas, 2001.

MIGDAL, Joel S. *State in society*: studying how states and societies transform and constitute one another. Cambridge: Cambridge University Press, 2001.

MORGAN, Patrick M. *Deterrence now*. Cambridge: Cambridge University Press, 2003.

NUNES, Edson. *A gramática política do Brasil*: clientelismo e insulamento burocrático. Rio de Janeiro: Jorge Zahar, 1997.

NYE JR., Joseph S. *Soft power*: the means to success in world politics. New York: Public Affairs, 2004.

OLIVEIRA, Eliézer Rizzo de. *De Geisel a Collor*: Forças Armadas, transição e democracia. Campinas: Papirus, 1994.

_____. *Democracia e defesa nacional*. Barueri: Manole, 2005.

PEREIRA, Carlos Santos. A RAM: realidade e utopia. *Nação e Defesa*, Liboa, n. 104, p. 149-183, 2003.

PERISSINOTO, Renato M. Hannah Arendt, poder e a crítica da "tradição". *Lua Nova*, n. 61, p. 117-138, 2004.

PORTO, Cláudio; NASCIMENTO, Elimar; BUARQUE, Sérgio C. *Cinco cenários para o Brasil 2001-2003*. Rio de Janeiro: Nórdica, 2001.

PROENÇA JR., Domício. *Estudos estratégicos:* fundamentos e situação presente. Santiago: Center for Hemispheric Defense Studies, Redes, 2003. Disponível em: < www.ndu.edu/chds/redes2003/Academic-Papers/5.Strategic-Studies/5.Strategic-Studies-Security.../2.%20Proenca-final.doc >. Acesso em 1º fev. 2008.

_____; DINIZ, Eugênio. Segurança e estudos estratégicos. In: BRIGAGÃO, Clóvis. *Estratégias de negociações internacionais*. Rio de Janeiro: Aeroplano, 2001.

_____; STEIN, Arthur A. In: ROSECRANCE, Richard; STEIN, Arthur A. (Eds.). *The domestic bases of grand strategy*. Ithaca: Cornell University Press, 1993. p. 3-21.

SARKEES, Meredith Reid. The correlates of war data on war: an update to 1997. *Conflict Management and Peace Science*, v. 18, n. 1, p. 123-144, 2000.

SHAW, Martin. *The new Western way of war*. Cambridge: Polity Press, 2005.

SMITH, Rupert. *The utility of force*: the art of war in the modern world. New York: Vintage, 2005.

SODRÉ, Nelson Werneck. *A história militar do Brasil*. Rio de Janeiro: Civilização Brasileira, 1979.

SPEKTOR, Matias. O Brasil e a Argentina entre a cordialidade oficial e o projeto de integração: a política externa do governo de Ernesto Geisel (1974-79). *Revista Brasileira de Política Internacional*, Brasília, n. 1, p. 117-145, 2002.

THE INTERNATIONAL INSTITUTE FOR STRATEGIC STUDIES. *The military balance 2006*. London: Routledge, 2006.

VAN CREVELD, Martin. *Technology and war*: from 2000 b.C. to the present. New York: Free, 1991.

VAZ, Alcides Costa (Org.). *Intermediate states, regional leadership and security*: India, Brazil and South Africa. Brasília: UnB, 2006.

WALTZ, Kenneth N. *Man, the state and war*: a theoretical analysis. New York: Columbia University Press, 1959.

_____. *Teoria das relações internacionais*. Lisboa: Gradiva, 2002.

WENDT, Alexander. Anarchy is what states make of it: the social construction of power politics. *International Organization*, v. 46, n. 2, p. 391-425, Spring, 1992.

_____. *Social theory of international politics*. Cambridge: Cambridge University Press, 1999.

ZEGART, Amy B. *Flawed by design*: the evolution of the CIA, JCS and NSC. Stanford: Stanford University Press, 1999.

Impresso nas oficinas da
SERMOGRAF - ARTES GRÁFICAS E EDITORA LTDA.
Rua São Sebastião, 199 - Petrópolis - RJ
Tel.: (24)2237-3769